Pe. JOSÉ BORTOLINI

Nossa Senhora na Bíblia e nas celebrações

EDITORA
SANTUÁRIO

DIREÇÃO EDITORIAL:
Pe. Fábio Evaristo R. Silva, C.Ss.R.

CONSELHO EDITORIAL:
Cláudio Anselmo Santos Silva, C.Ss.R.
Ferdinando Mancilio, C.Ss.R.
Gilberto Paiva, C.Ss.R.
José Uilson Inácio Soares Júnior, C.Ss.R.
Marcelo da Rosa Magalhães, C.Ss.R.
Victor Hugo Lapenta, C.Ss.R.

COORDENAÇÃO EDITORIAL:
Ana Lúcia de Castro Leite

COPIDESQUE:
Sofia Machado

REVISÃO:
Luana Galvão

DIAGRAMAÇÃO E CAPA:
José Antonio dos Santos Junior

**Dados Internacionais de Catalogação na Publicação (CIP)
de acordo com ISBD**

N438m Bortolini, José

Nossa senhora na bíblia e nas celebrações / José Bortolini. - Aparecida, SP : Editora Santuário, 2020.
96 p. ; 12cm x 19cm.

Inclui índice e apêndice.
ISBN: 978-65-5527-014-3

1. Cristianismo. 2. Nossa Senhora. 3. Bíblia. 4. Celebrações. I. Título.

2020-1134 CDD 240
CDU 24

Elaborado por Vagner Rodolfo da Silva - CRB-8/9410

Índice para catálogo sistemático:
1. Religião : Cristianismo 240
2. Religião : Cristianismo 24

1ª impressão

Rua Pe. Claro Monteiro, 342 – 12570-000 – Aparecida-SP
Tel.: 12 3104-2000 – Televendas: 0800 - 16 00 04
www.editorasantuario.com.br
vendas@editorasantuario.com.br

INTRODUÇÃO

No passado alguém disse que nunca nos saciaríamos de falar de Maria, como o bom filho nunca se cansa de falar daquela que lhe deu à luz. Mas é sempre necessário sermos prudentes, a fim de não incorrermos em deturpações daquela que é objeto de nosso afeto ou cultivarmos uma espiritualidade mariana superficial. As chances para adotarmos uma visão inconsistente de Maria são muitas. De repente, Nossa Senhora, como se pretendia anos atrás, encontra-se estampada no fundo de uma panela ou em um pedaço de vidro... Até a tela de seu computador, ficando azulada, corre o risco de se transformar em um aparecimento de Maria. Certa vez, em certo lugar deste país, dizia-se que, na cabeceira de uma cama, aparecia a imagem de Maria. E aí, em um instante, começaram as procissões, as "curas", a procura do extraordinário para incremento da fé.

Nossos pastores são prudentes em não aceitar imediatamente tais "fenômenos", que devem passar pelo crivo do discernimento. E só com o tempo é que serão aceitos como "aparição".

Outro risco que se corre é, agindo apressadamente, atropelar aquilo que é intocável: a revelação plena de quem é Deus foi dada cabalmente por Jesus Cristo e se encontra inteiramente registrada na Sagrada Escritura, de modo que Maria não aparece para completar o que falta à revelação de seu Filho.

De outra parte, não se deve descartar tudo como algo que não merece atenção. As aparições, em geral, tocam o campo da pastoral, isto é, são úteis para iluminar a caminhada pastoral das comunidades que compõem a Igreja. É, portanto, necessário separar o joio do trigo.

Pequena contribuição pode ser dada por este escrito, que não pretende voar alto e chegar às pessoas pelos fios da alta tensão. Trata-se de exame rápido e simples de Nossa Senhora na Bíblia: as figuras importantes que a precederam como espécie de prenúncio de sua chegada; o modo como cada evangelista apresentou sua figura. Esse detalhe é importante, pois cada evangelista tem proposta própria que pode ser aproveitada com êxito; as solenidades, festas, memórias obrigatórias e memórias facultativas de Nossa Senhora contempladas pelo Missal Romano (mesmo estando em processo sua revisão).

Assim procedendo, alguns estarão descobrindo algo interessante ao examinarmos os eventos da vida de Maria registrados no Missal, como, por exemplo: celebramos a concepção, nascimento, apresentação etc. de Nossa Senhora, e essas ocorrências são construídas sobre os mesmos eventos da vida de Jesus: concepção, nascimento, apresentação. Isso se deve à sensibilidade dos cristãos dos primeiros séculos, e é ponto fundamental no exercício de nossa fé. De fato, em certa medida, podemos afirmar que "sem Maria não há cristianismo", e explico: o cristianismo tem como centro inalienável a pessoa de Jesus Cristo, e com certeza afirma-se que "não há cristianismo sem Cristo". Mas, de alguma forma, repetindo o ciclo vital de Jesus Cristo, Maria torna-se o modelo de discípula que Deus procura para realizar o projeto confiado a seu Filho. Nesse sentido, respeitando as devidas diferenças, podemos afirmar também que "sem Maria não há cristianismo". Eis a questão.

Começamos apresentando rápida visão de Maria na Bíblia. A seguir, na segunda parte, vamos percorrer o calendário litúrgico e examinar rapidamente cada solenidade, festa ou memória de Nossa Senhora presente no Missal Romano. Em Apêndice, há sugestões para quem desejar vivenciar um ano inteiro em contato com as ocorrências marianas surgidas dos dogmas, das etapas da vida de Nossa Senhora e das aparições etc.

PRIMEIRA PARTE

MARIA NA BÍBLIA

Antigo Testamento

1. "A mãe do belo amor e do temor"

Na Bíblia encontro esta frase: *Eu sou a mãe do belo amor e do temor, do conhecimento e da santa esperança. A todos os meus filhos concedo bens eternos àqueles que ele escolheu* (Eclesiástico 24,18). A frase é parte do *discurso da Sabedoria* (capítulo 18), mas, antes do Vaticano II, eu escutava esse texto proclamado nas celebrações de Maria.

É evidente que a liturgia antiga aplicava a Maria a expressão *Eu sou a mãe*, e a expressão *belo amor* a Jesus. Em grego, língua na qual o Eclesiástico chegou a nós, *mãe* se diz *méter*, de onde vem *matriz*, da qual tiramos uma cópia; e a palavra *belo* se diz em grego *kalós*, que significa também *bom, modelo, exemplar*, como no caso em que Jesus se declara *bom pastor* (João 10).

Na cultura grega, *belo* faz pensar na beleza como sinônimo de *perfeição*, de sorte que podemos dizer que Jesus é o *pastor perfeito*, e Maria é *a matriz do amor perfeito*, isto é, a *matriz* que deu origem ao amor perfeito. Além disso, pode ser chamada de *matriz que gera o temor*, ou seja, o respeito para com Deus. Em outras palavras, pode-se dizer que ela nos ensina a levar Deus a sério (é o sentido da palavra *temor*).

De acordo com os livros *sapienciais*, o temor é o princípio da Sabedoria, e declarar Maria *mãe do temor* significa ver nela aquela que nos gera para a Sabedoria; é nossa matriz, aquela que nos ensina a levar Deus a sério, pois em Jesus descobrimos o amor perfeito e como isso se traduz concretamente. De fato, o começo do capítulo 13 de João afirma que Jesus, *tendo amado os seus que estavam no mundo, amou-os até as últimas consequências*, e pouco mais adiante, no capítulo 15, o *amor perfeito* que é Jesus, mostra quando e como o amor é perfeito: *Ninguém tem amor maior do que aquele que dá a vida por seus amigos*.

No texto do Eclesiástico, Maria é chamada também de *mãe do conhecimento*. Apesar de ter chegado a nós em grego, o Eclesiástico é banhado pela cultura hebraica. Naquele contexto, *conhecer* é fazer experiência de alguém, a ponto de se afirmar que *fulano conheceu sua esposa e ela ficou grávida*. Também, nesse sentido, Maria é para nós *matriz*, pois seu *conhecimento* de Deus não foi teórico, mas uma experiência que a levou a aceitar que o Filho de Deus nela se encarnasse.

Ela é também chamada de *mãe da santa esperança*. O apóstolo Paulo reza para que Deus faça os cristãos conhecerem a esperança à qual foram chamados. Pois bem, a jornada de Maria pode esclarecer o conteúdo e a meta dessa esperança. De fato, a liturgia católica celebra de Maria sua inteira trajetória sobre esta terra, desde sua concepção até seu ingresso definitivo na esfera de Deus.

2. Bíblia, a maior e melhor fonte para conhecermos Maria

A Bíblia é a melhor fonte para conhecer a Mãe de Jesus. É caminho seguro, pois se trata de Palavra de Deus. Quando começamos a fazer isso, nós deparamos logo com nossa fragilidade por um lado e, por outro, com a grandiosidade daquela que gerou a Palavra, que se fez carne e veio morar no meio de nós. Haverá tarefa mais sublime para quem tenta escrever algo sobre Maria? Haverá responsabilidade maior para quem se sente frágil diante dessa tarefa?

Com confiança e humildade, vamos percorrer a Bíblia buscando alguns sinais de sua presença, pois como a Sabedoria, ela nos convida: "Os ingênuos venham aqui; quero falar aos sem juízo: 'Vinde comer de meu pão e beber do vinho que misturei. Deixai a ingenuidade e vivereis, segui o caminho da inteligência'" (Provérbios 9,4-6).

* * *

Já falamos acerca desta frase: *Eu sou a mãe do belo amor e do temor, do conhecimento e da santa esperança. A todos os meus filhos concedo bens eternos àqueles que ele escolheu* (Eclesiástico 24,18). A frase é parte do *discurso da Sabedoria* (capítulo 18) mas, antes do Vaticano II, era normal escutarmos esse texto proclamado nas celebrações de Maria.

2.1. O Protoevangelho (Gênesis 3,14-15)

Você sabe por que alguma imagem de Nossa Senhora mostra Maria pisando uma serpente? A resposta vem da maldição da serpente descrita em Gênesis 3,14-15, em que se lê: "Então Javé Deus disse à serpente: 'Porque fizeste isso és maldita entre todos os animais domésticos e todas as feras selvagens. Caminharás sobre teu ventre e comerás poeira todos os dias de tua vida. Porei hostilidade entre ti e a mulher, entre tua linhagem e a linhagem dela. *Ela te esmagará a cabeça* e tu lhe ferirás o calcanhar'".

Mais especificamente, a resposta vem da frase "Ela te esmagará a cabeça". Na tradução grega, chamada *Septuaginta* (é a tradução mais antiga que existe, envolvendo o Antigo Testamento hebraico), diz-se: "*Ele* te esmagará a cabeça", atribuindo a um filho da mulher a ação de esmagar a cabeça da serpente. Leituras antigas viram nesse misterioso "Ele" o anúncio do Filho de Maria, Jesus. Por isso esse texto passou a ser conhecido e chamado de "Protoevangelho", o primeiro clarão do anúncio do Messias e sua vitória definitiva sobre a serpente. É uma interpretação veneranda, conhecida em latim como *Ipsa conteret*.

A tradução mais antiga...

... é chamada *Septuaginta* ou tradução dos LXX. O título foi dado a partir de uma carta apócrifa de Aristeas, que narra mais ou menos o que vem a seguir: nós, judeus habitantes do Egito, já não conhecemos a língua de nossos pais, o hebraico, nem o aramaico, línguas que preservam o patrimônio histórico, cultural, social e religioso de nossa raça. Somos muitos a morar no Egito (sobretudo na grande cidade de Alexandria). Nosso rei grego Ptolomeu mandou traduzir para o grego a Lei. Escolheu setenta peritos, isolados por setenta dias sem contato com ninguém, para que fizesse cada qual a própria tradução. No fim do período estabelecido, eles se reuniram para confrontar suas traduções e, maravilhosamente, não havia sequer uma palavra ou frase que não concordasse com todas as demais traduções.

Isso aconteceu uns 250 anos antes de Jesus nascer. A *Septuaginta* ainda pode ser encontrada, lida e estudada. Basta visitar uma loja especializada em Bíblia (e, evidentemente, conhecer o grego da *Septuaginta*).

As traduções modernas em português trazem "Ela te esmagará a cabeça", referindo-se à hostilidade que há entre a serpente e a linhagem da mulher, com a vitória final da humanidade (linhagem da mulher) sobre o mal.

2.2. Mulheres prefiguras de Maria

Há no Antigo Testamento uma série de mulheres heroínas que, de uma forma ou de outra, podem ser consideradas como prefiguras de Maria. A seguir, destacamos algumas que contribuíram decisivamente para que o povo de Deus do Antigo Testamento alcançasse a vitória sobre o inimigo (você pode complementar o tema lendo as citações bíblicas à medida que surgirem).

2.2.1. Jael e Débora (Juízes 4-5)

As façanhas vitoriosas dessas duas mulheres estão narradas nos capítulos 4-5 do livro dos Juízes. Jael mata o general Sísara, derrotando com essa morte o poderoso exército inimigo (4,17-22). Ela é proclamada "bendita entre as mulheres" (5,24), expressão retomada por Isabel ao receber Maria em sua casa (Lucas 1,42) e, além disso, integra a primeira parte da Ave-Maria.

> Quando a esperteza é mais forte que qualquer arma: é o que se pode dizer de Jael e de muitas outras mulheres, tidas como frágeis. Mais tarde se dirá de Maria: "Aquilo que muitos

alcançam com o poder e a força, Maria obtém com a força da intercessão". Jael pertence à época da instalação dos hebreus na Palestina. É período que não se sabe concretamente o que aconteceu. Há várias hipóteses e tentativas de explicação. A primeira defende a ideia de que se tratou de conquista violenta, da forma como relata a Bíblia. Mas não se explica como isso se deu, pois os inimigos filisteus detinham naquele lugar o monopólio sobre o ferro. Os hebreus não tinham armas. A segunda é a favor de conquista armada, porém demorada. Mas também essa hipótese carece de fundamento. A terceira – e bem aceita em nossos dias – afirma que os hebreus, vindos do Egito e trazendo com eles a fé no Deus Javé, que liberta, uniram-se aos agricultores da Palestina, descontentes com a opressão que as Cidades-Estado exerciam sobre eles, obrigando-os a produzir para o sustento da Cidade-Estado. Uniram-se esses dois grupos e refugiaram-se nas montanhas, onde os carros de ferro, usados pelos filisteus em suas vitoriosas batalhas, não podiam chegar. Refugiaram-se nas montanhas, desenvolvendo uma agricultura de sobrevivência, cujo carro-forte eram as reservas de água (cisternas). É fácil imaginar como, sem receber alimentos dos camponeses, as Cidades-Estado deixaram de existir. (Você pode ler a façanha de Jael no capítulo 4 de Juízes.)

Débora é comandante guerreira contra o exército inimigo, por ela derrotado, e é chamada "mãe em Israel" (Juízes 5,7). Atribui-se a ela o poema de Juízes 5, um dos mais antigos textos da Bíblia.

2.2.2. Judite

Nas Bíblias católicas, há um livro que traz o nome dessa heroína, cujas proezas podem ser lidas com facilidade. Viúva, bela e confiante em Deus, arrisca a vida para salvar o povo da cidade de Betúlia (*betulah*, em hebraico, significa *virgem*; Betúlia, portanto, é símbolo do povo de Israel. *Judite* significa *judia*). Após ter matado Holofernes, general inimigo, é aclamada pelo povo com estas palavras: "Bendita sejas, filha, mais que todas as mulheres da terra, e bendito seja o Senhor Deus, Criador do céu e da terra, que te conduziu para cortar a cabeça do chefe dos nossos inimigos... Faça Deus com que sejas exaltada para sempre..." (13,18-20).

2.2.3. Ester

Há um livro com esse nome no Antigo Testamento, escrito em hebraico com acréscimos em grego (ausentes nas Bíblias dos protestantes. A numeração de capítulos e versículos nesse livro é complicada). No livro, fala-se de Ester, jovem judia residindo fora da sua terra, no território governado por Assuero (conhecido em outros lugares como Xerxes), escolhida para ser rainha e esposa desse rei. Esse rei, manipulado por seu mais próximo colaborador (Amã), decreta o extermínio de todos os judeus dentro de seu imenso império. Confiando na proteção de Deus, ela enfrenta a fúria do rei e intercede para que seu povo não seja destruído. O rei consente, e o povo de Deus é salvo. Partes desse livro são lidas em festas marianas, mostrando a fé que anima Ester e a leva a enfrentar confiante os perigos. Ela é figura de Maria, que intercede junto a Deus pelo povo. Mas, na interpretação, devemos deter-nos aqui, pois, se é normal ver em Ester uma figura de Maria que intercede, o mesmo não acontece quando tentamos estabelecer uma relação entre o irritado rei Assuero e o Deus bondoso no qual acreditamos. Ester é figura de Maria, mas Assuero não é figura de Deus.

3. A profecia de Isaías 7,14

Em Jerusalém, o rei Acaz (736-716 a.C.) treme de medo diante da iminente invasão inimiga. O profeta Isaías vai ao encontro dele, para infundir-lhe confiança. Em nome de Deus, o profeta pede que o rei solicite um sinal da proteção divina. Mas o rei confia mais nas próprias forças e nas alianças com outros soberanos e recusa um sinal. Então o profeta diz: "Pois sabei que o Senhor mesmo vos dará um sinal: Eis que a *jovem* concebeu e dará à luz um filho e dar-lhe-á o nome de Emanuel". A tradução grega do Antigo Testamento, conhecida como *Septuaginta*, em lugar de *jovem* traz *virgem*.

Esse texto, com essa mudança, foi usado por Mateus 1,23, que encontrou aí um anúncio da concepção virginal de Cristo e seu nascimento. Provavelmente o sinal dado por Deus tinha em Isaías um horizonte próximo, uma realização imediata. Mas com razão, e graças à tradução grega, o texto ultrapassou o imediato, tornando-se anúncio do nascimento de Cristo.

Novo Testamento

1. Maria no Novo Testamento

Cada evangelista vê a seu modo a figura de Maria. Por isso vamos examiná-los separadamente, a fim de perceber os motivos que os levaram a oferecer esse quadro.

1.1. Evangelho de Marcos

Começamos com o Evangelho de Marcos, o mais antigo, surgido por volta do ano 68, portanto, cerca de quatro décadas após a ressurreição de Jesus. Esse texto tinha objetivos bem definidos: preparar os adultos, chamados de catecúmenos, para receber o batismo. Marcos, portanto, é um texto de catequese para adultos. Quer mostrar aos catecúmenos *quem é Jesus*. Isso é feito passo a passo, de sorte que o quadro completo só estará pronto no final do Evangelho.

Paralelamente a essa preocupação, Marcos pretende mostrar também *quem é o discípulo de Jesus*, ou seja, quais as características de quem postula tornar-se seu discípulo. E, para incutir nos catecúmenos humildade, constância e perseverança, usa a tática da *ignorância* ou *cegueira*. No seguimento de Jesus, somos todos, e sempre, *ignorantes e cegos*. Dizendo isso em sentido positivo, na escola que nos torna discípulos de Jesus estamos sempre aprendendo: as autoridades são cegas, os apóstolos são cegos, os pagãos são cegos. E Maria... também está aprendendo na escola de Jesus. No Evangelho de Marcos, ela aparece duas vezes no capítulo 3. (É somente citada em 6,3; veja o texto paralelo de Mateus 13,55.) A primeira vez (3,20-21) de forma indireta; na segunda ocorrência, de modo direto (3,31-34).

Na escola de Jesus, ser discípulo é...

... estar sempre recomeçando. O Evangelho de Marcos tem como uma de suas características *estar sempre recomeçando*. O próprio Evangelho começa assim: "Princípio...". Além de ligar seu texto ao início da Bíblia e à primeira narrativa da Criação (Gênesis 1,1), o evangelista quis marcar seu escrito como permanente recomeço. Ao longo do Evangelho, há muitas retomadas, sempre depois de uma situação de crise, de aperto, ocasião que serve para o discípulo crescer, recomeçar com novo ânimo.

Se você quiser, poderá ler todo o Evangelho de Marcos, assinalando quando há situação que exige recomeço. Apenas dois exemplos: **1.** O capítulo 3 está repleto de situações de crise. O capítulo 4 (versículo 1) mostra Jesus recomeçando. **2.** No fim do Evangelho (16,1-8) os discípulos, para se encontrarem com o Senhor Ressuscitado, devem recomeçar tudo outra vez, na Galileia. Antigamente, o Evangelho de Marcos terminava de forma desafiadora, dizendo a todos: "Querem encontrar o Ressuscitado? Refaçam o caminho que ele fez, começando pela Galileia".

Na primeira vez se diz que, "quando os seus tomaram conhecimento disso, saíram para detê-lo, pois diziam: 'Enlouqueceu'". Alguns, espantados com essa informação, procuram excluir a mãe de Jesus. Não é bom fazer isso. Marcos quer mostrar que também Maria está aprendendo *quem é Jesus*, e isso não tem nada de escandaloso ou assustador; pelo contrário, estimula a todos os que estão à procura. Se a própria mãe é aluna, discípula que aprende a conhecer Jesus, por que nós deveríamos desanimar?

Na segunda vez, Jesus está *dentro de casa* e sua mãe, seus irmãos e suas irmãs *estão fora*, à procura dele. Nota-se a diferença entre estar dentro e estar fora. Quem está dentro já aprendeu muita coisa a respeito dele e quer, como discípulo, aprender sempre mais, tornando-se membro da família dos que creem nele. Quem está fora não pode contentar-se com essa situação e deve insistir na busca dele, ou seja, perseverar e progredir em seu conhecimento.

Marcos não é desrespeitoso em relação a Maria, e nós nos sentimos estimulados a continuar buscando. Notemos um detalhe: quando esse Evangelho foi escrito, provavelmente, Maria já não se achava entre nós, e todos estavam a par da caminhada que fez no seguimento de seu Filho. Ela já era considerada com a grandiosidade que nós a consideramos. Mostrando-a dessa forma no início, certamente Marcos pretendia dizer a todos: vejam que caminhada! Vejam os grandes passos dados por ela no seguimento de seu Filho!

(Observação: Se você quiser obter mais informações gerais sobre os Evangelhos, Atos e Apocalipse, procure-as nos números 5 e 7 da série "Conheça a Bíblia. Estudo popular", publicada pela Editora Santuário.)

1.2. Evangelho de Mateus

Mateus é o Evangelho da justiça do Reino. Ele escolheu bem as primeiras palavras de Jesus, que se encontram em 3,15: "Devemos cumprir toda a justiça". Um pouco adiante (5,20), o Mestre da Justiça diz: "Eu vos asseguro que, se vossa justiça não ultrapassar a dos escribas e fariseus, não entrareis no Reino dos Céus". E ainda dentro do Sermão da Montanha, Jesus apresenta a prioridade para quem deseja ser seguidor seu: "Buscai, em primeiro lugar, o Reino de Deus e sua justiça, e todas essas coisas vos serão acrescentadas" (6,33). Por isso, ao ler o Evangelho de Mateus, podemos, com certeza, pensar em Jesus como o Mestre da Justiça, ou seja, aquele que ensina e pratica um tipo novo de justiça capaz de fazer surgir o Reino de Deus.

Mateus inicia seu Evangelho com a genealogia de Jesus (1,1-17). Nesse elenco de antepassados estão incluídas cinco mulheres. Todas têm em comum algo estranho: as quatro primeiras são estrangeiras e se comportam de modo inusitado: Tamar (Gênesis 38) se passa por prostituta e se une ao sogro Judá, a fim de ter descendência; Raab é prostituta em Jericó (Josué 2,8-21; 6,22-25). Acolhendo em sua casa os espiões hebreus e escondendo-os da polícia da cidade, ela e sua família foram preservadas quando Jericó caiu nas mãos dos hebreus. A história da estrangeira Rute pode ser lida no breve livro que traz o seu nome: por causa de seu afeto pela sogra, acaba se tornando antepassada do rei Davi. Betsabeia adulterou com o rei Davi e tornou-se rainha. Influenciou decisivamente na sucessão do rei em favor do filho Salomão, que passou para a história como o mais sábio dentre todos os sábios de Israel (1 Reis 1). Maria, a mãe de Jesus, também tem algo inusitado: é virgem e concebe sem a intervenção de homem.

Dependendo do ângulo da nossa visão, as quatro primeiras mulheres podem ser avaliadas com notas negativas. Mas, com a chave da *justiça*, elas adquirem nova luz, e Jesus pode, com certeza, orgulhar-se de ter antepassadas tão grandiosas, batalhadoras, amantes da justiça, influentes na história da salvação.

No Evangelho de Mateus, Maria não fala. É mulher do silêncio que consente ao Espírito dispor dela como quiser. Ela engravida por ação do Espírito, não se justifica perante o noivo José, deixa que Deus cumpra nela tudo o que achar justo.

Ela aparece novamente no episódio dos astrólogos (magos), mas novamente está silenciosa. Em 2,11, afirma-se que, entrando na casa, os magos viram o menino com Maria, sua mãe, e, prostrando-se, homenagearam-no. Já não se fala de José, e o centro das atenções dos magos é o menino. Porém, fala-se da mãe, e esse detalhe é importante. Para entender isso precisamos examinar o modo como são apresentados os reis de Judá. No começo de seu reinado – de acordo com 1 Reis –, sempre é citada a mãe do novo rei, a rainha-mãe. Mateus, que escreve seu Evangelho para judeus que se tornaram cristãos, é o único a recordar esse detalhe. Com isso afirma que Jesus é rei, e sua mãe é rainha. Mateus é também o único evangelista que narra a fuga da sagrada família para o Egito e o retorno à Palestina (2,13-17).

Detalhe importante em Mateus: escrevendo seu Evangelho para cristãos de origem judaica, ele faz questão de mostrar como em Jesus estão se realizando as antigas profecias e promessas. Isso se encontra espalhado abundantemente nos primeiros capítulos sob a expressão: "Assim se cumpriu...". Daí concluímos que Maria teve grande participação na realização das promessas de Deus.

Em 12,46-50, Maria comparece em um episódio que certamente Mateus tomou de Marcos, o Evangelho mais antigo. É a cena da casa. Dentro dela Jesus declara que sua mãe e seus irmãos são os que fazem a vontade do Pai. Todavia, diante de tudo o que vimos até aqui, é impróprio afirmar que Maria seja vista como em Marcos, pois, no silêncio que deixa o Espírito agir, ela faz a vontade do Pai. É mais adequado, aqui, entender Maria como figura típica do discípulo, como exemplo para todos os que procuram fazer a vontade de Deus. Portanto, ela não é aprendiz; é mestra.

1.3. Evangelho de Lucas e Atos dos Apóstolos

Lucas, autor do Evangelho de Lucas e dos Atos dos Apóstolos, é aquele que mais fala de Maria e faz Maria falar. De fato, nos capítulos 1-2 de seu Evangelho apresenta dois anúncios de nascimento, narra dois nascimentos, registra dois hinos; em síntese, temos a apresentação de duas infâncias, respectivamente a de João Batista e a de Jesus, com a supremacia deste. E Maria exerce papel fundamental. Lucas narra detalhadamente o anúncio da concepção de Jesus, a visita que Maria faz a Isabel, o nascimento de Jesus, a circuncisão do menino, a apresentação no Templo e o episódio de Jesus entre os doutores da Lei. Nesses eventos,

Lucas concentra praticamente tudo o que pretende dizer de Maria. E nós podemos arriscar uma síntese usando as palavras de Isabel: "Feliz aquela que creu, pois o que lhe foi dito da parte do Senhor será cumprido" (1,45).

Mas vale a pena, ainda que em breves tópicos, trazer à luz alguns temas. Começamos pela anunciação (1,26-38). O texto está construído segundo o esquema da vocação das grandes figuras do Antigo Testamento, por exemplo: Isaías, Jeremias, Daniel... As etapas são: *a.* aparição de personagem celeste ou divina; *b.* reação de fraqueza por parte da pessoa; *c.* anúncio da novidade por parte do ser que apareceu; *d.* aceitação da missão por parte da pessoa.

Além disso, destacamos estes pontos:

1. O fato de Maria receber a visita de um anjo a coloca entre as grandes personagens da Bíblia. A palavra "anjo" significa "mensageiro" de Deus. O anjo é Gabriel, nome que significa "poder de Deus". Maria está prestes a fazer a experiência do poder de Deus.

2. As palavras do anjo: "Alegra-te, cheia de graça, o Senhor está contigo". No Antigo Testamento, essas palavras foram muito usadas pelos profetas para encorajar, estimular e comunicar-se com a cidade de Jerusalém, também chamada de "Filha de Sião". É um convite à alegria porque Deus vai se manifestar, porque Deus está para chegar no meio de nós. Você pode conferir isso em alguns profetas: Isaías 12,6; Sofonias 3,14-15; Joel 2,21-

27; Zacarias 2,14; 9,9 etc. A expressão "cheia de graça" é repetida inúmeras vezes no Antigo Testamento para demonstrar que a pessoa recebeu favores divinos. "O Senhor está contigo" também já foi dita para muitos personagens do passado com o objetivo de encorajar.

3. Maria se surpreende, fica perplexa. Mas o anjo lhe fala "Não temas", usando as mesmas palavras dirigidas a muitos personagens importantes do passado quando se encontravam em situações especiais e diante de desafios.

4. O anjo lhe faz o grande anúncio: ela irá conceber e dar à luz um Filho, Jesus, legítimo herdeiro ao trono, descendente do rei Davi, realizador da promessa (veja 2 Samuel 7), cujo reino não terminará.

5. Maria não recusa que o Filho de Deus faça morada em seu corpo. Os grandes personagens do passado (Moisés, Jeremias...) apresentaram desculpas para não ter de aceitar. Maria simplesmente não entende *como* isso acontecerá, pois não está ligada a nenhum homem. Diante da explicação do anjo, entrega-se totalmente à vontade de Deus: "Eu sou serva do Senhor, faça-se em mim segundo tua palavra".

Após o anúncio do anjo, e tendo ouvido dele a notícia da gravidez da prima Isabel, e depois de declarar-se serva do Senhor, Maria vai prestar serviço a sua parente Isabel, idosa e grávida (Lucas 1,39-45). Ela tem pressa, como tiveram pressa os pastores (2,16) e também Zaqueu (19,1-10).

Desse episódio destacamos o seguinte: **1.** Maria declarou-se serva do Senhor, mas concretiza essa declaração no serviço aos outros, Isabel e Zacarias. Esses são pobres (Zacarias pertencia ao baixo clero, não vivia do Templo. Apenas uma semana ao ano ia ao Templo prestar serviço), e Maria é serva de Deus servindo aos necessitados. **2.** É a primeira grande missionária, pois leva Jesus às pessoas simples e carentes. É Senhora da missão. Sua chegada à casa de Isabel e Zacarias provoca a exultação de João Batista no ventre de Isabel: é a alegria provocada pela presença do Salvador, levado pela missionária Maria. **3.** Seu serviço pode ser imaginado: ajudar uma idosa grávida e seu esposo, também idoso. Talvez ela tenha assistido Isabel no trabalho de parto... **4.** Isabel acolhe Maria com palavras semelhantes às de Davi ao manifestar temor de receber em sua casa a Arca da Aliança: "Como virá a Arca de Javé para ficar em minha casa?" (2 Samuel 6,9). Mas há uma diferença: Davi temia recebê-la; Isabel se alegra ao recebê-la, e o menino pula de alegria em seu ventre. (Por isso, na ladainha, Maria é invocada como "Arca da Aliança".) **5.** Isabel faz a maior declaração de Maria, chamando-a "bem-aventurada" (em grego *makaría*, termo técnico que indica bem-aventurança). Para Isabel, a grande bem-aventurança de Maria está na fé que ela deposita nas palavras do Senhor: "Bem-aventurada aquela que acreditou, pois aquilo que lhe foi dito da parte do Senhor será cumprido" (Lucas 1,45).

O cântico de Maria, conhecido como *magnificat* (1,46b-55), é um *hino de louvor* e consta de *introdução* (1,46b-47), na qual se manifesta o desejo de louvar a Deus, acompanhada pelos *motivos* ou *razões* que suscitam o louvor (1,48-55; essa parte, chamada de *corpo do hino*, inicia-se com o termo *porque* ou *pois*).

Os estudiosos debateram longamente a autoria desse hino. Alguns pensam que caberia melhor em Isabel, por causa da palavra *humilhação* (não *humildade*) na frase inicial do *corpo* ("Porque olhou para a humilhação de sua serva"). A esterilidade de Isabel era sua humilhação. Outros pensam que o cântico seria um hino de louvor dos primeiros cristãos de Jerusalém, hino que Lucas põe na boca de Maria. Nós, aqui, seguimos o caminho tradicional que considera esse texto o cântico por excelência de Maria.

Nota-se logo a semelhança desse hino com o canto de Ana, mãe de Samuel (1 Samuel 2,1-10). Ana o proclama após ter superado a terrível humilhação da esterilidade, dando à luz a Samuel (nome que significa *Deus escuta*). Maria proclama seu louvor estando grávida de Jesus (nome que significa *Deus salva*). De fato, na *introdução,* ela proclama Deus como "meu Salvador".

O cântico de Maria é uma síntese da ação de Deus na vida dela, mas pode ser ampliado e visto como resumo de toda a história do povo de Deus, um apanhado da misericórdia divina para com Israel, como realização das promessas feitas ao patriarca Abraão, pai do povo de Deus. O leitor que tiver paciência (e tempo) poderá adotar este método: tomar cada verbo (na forma gramatical do passado: *fez, agiu, depôs, cumulou*...) e examiná-lo à luz dos grandes feitos do Senhor em favor de seu povo escolhido.

O próximo episódio é o nascimento de Jesus, e a visita dos pastores (2,1-20). Lucas menciona um recenseamento de todo o mundo habitado (exagero: deve-se entender de todo o império romano), ordenado pelo imperador Augusto. Os peritos afirmam que esse recenseamento não existiu, mas o fato se presta muito bem para que Lucas deixe transparecer suas intenções: Jesus nasce em Belém, terra natal de José, descendente de Davi. Consequentemente, também Jesus é descendente do grande rei de Israel. Nós podemos deduzir outros temas. O salvador nasce de um povo dominado. O recenseamento visava renovar os cadastros para a arrecadação de impostos. Do ponto de vista religioso, o nascimento de Jesus em Belém é cumprimento da profecia de Miqueias 5,2, que anuncia a mudança de sortes para o povo quando chegar "o tempo em que a parturiente dará à luz". Além disso, Lucas mostra Maria dando à luz na pobreza extrema, "pois não havia lugar para eles na sala" (2,7), ou seja, dentro de casa. A narrativa do nascimento mostra Jesus como "filho primogênito", já antecipando a cena seguinte, em que se narram a circuncisão do menino e sua apresentação no Templo.

Lucas, evidentemente, narra esses fatos várias décadas após a ressurreição de Jesus. É compreensível que os episódios da infância sejam banhados pela luz do mistério pascal. De fato, ao dizer que Maria *envolveu* a criança com faixas e a *reclinou* em uma manjedoura, Lucas está querendo associar esses fatos com o sepultamento de Jesus, quando José de Arimateia *envolveu* o corpo de Jesus em um lençol e o *reclinou* em uma tumba talhada na pedra (23,52).

O episódio seguinte, a circuncisão do menino e a imposição do nome (2,21), mostra os pais de Jesus cumprindo a Lei e Maria obedecendo ao anjo, que já havia escolhido o nome para a criança. Na Bíblia, quase sempre o nome está associado à missão. Jesus = Deus salva.

De acordo com a Lei de Moisés (Êxodo 12,3-4; 13,2.11; Levítico 5,7; 12,8), a mãe devia purificar-se do parto (por causa da perda de sangue), e o filho primogênito pertencia ao Senhor, devendo ser a ele consagrado. Todavia, fazia-se o resgate do filho mediante a oferta de um cordeiro. Portanto, no episódio em questão (2,22ss), dois deviam ser os sacrifícios oferecidos: um pela purificação e outro para o resgate. Lucas cita apenas o primeiro, omitindo o segundo. Com isso dá a entender algo extremamente importante: não sendo resgatado, Jesus pertence ao Pai desde o berço, e assim se comportará, como veremos em seguida.

Pense direito!

Alguns chamam a atenção ao fato de Lucas referir-se a Jesus com a palavra "primogênito". Isso estaria insinuando que Jesus é simplesmente o primeiro filho de Maria; depois dele viriam "o segundo gênito", "o terceiro gênito" etc. O que pensar disso? É preciso entender os objetivos de Lucas. Ele chama Jesus de "primogênito" porque está pensando no sacrifício que deverá ser oferecido como resgate do primogênito. E esse resgate não aconteceu, demonstrando que Lucas deseja afirmar que Jesus pertence desde o berço ao Pai.

No Templo estava o ancião Simeão, autor de uma profecia que rendeu muito para um tipo de espiritualidade mariana: a espada que traspassará a alma de Maria (2,35). Essa profecia de dor associa no sofrimento Maria e Jesus de forma inseparável.

A cena de Jesus entre os doutores já mostra em ação a espada (2,41-50). Jesus tem doze anos e vai a Jerusalém com os pais para a festa da Páscoa. A idade do menino é suficiente para que ele se emancipe e seja considerado de maioridade, responsável por seus atos. E o é, mostrando seu compromisso com o Pai. Ele não se perde – como muitas vezes se diz –, mas "se encontra" responsavelmente como adulto que responde por suas ações. A mãe é que não se dá conta disso, buscando-o aflita juntamente com José. O episódio serve para sublinhar a preocupação dos pais, mas também revela uma verdade a respeito de Maria já anunciada por ocasião da visita dos pastores: "Maria conservava cuidadosamente todos esses acontecimentos e os meditava em seu coração" (2,19).

Outra cena mencionando a mãe de Jesus encontra-se em Lucas 9,19-21, com paralelos em Mateus 12,46-50 e Marcos 3,31-35. Supõe-se que Jesus esteja dentro de casa, e sua mãe e seus irmãos tentam chegar a ele, mas a multidão ao redor lhes impede aproximar-se. Avisado, Jesus, declara que sua mãe e seus irmãos são aqueles que ouvem a palavra de Deus e a põem em prática. Diferentemente de Marcos, aqui há um elogio velado de Jesus à sua mãe. De fato, ela foi a primeira e a melhor ouvinte e praticante da palavra de Deus. Isso já foi visto acima, quando encontramos a declaração de Isabel na visita que Maria lhe fez. Jesus institui sua nova família, mas nela Maria foi a primeira a entrar e dela fazer parte.

Os Atos dos Apóstolos falam explicitamente de Maria uma única vez, logo no início (1,12-14), ao apresentar os Onze reunidos em oração após a ascensão de Jesus e antes da vinda do Espírito Santo. Ela recebe destaque, pois se diz que os Onze "perseveravam em oração com algumas mulheres, *entre as quais Maria, a mãe de Jesus,* e com seus irmãos". O relevo dado a Maria chama a atenção, por isso merece ser aprofundado. Em Atos 1,8, fazendo eco ao final do Evangelho de Lucas (24,49), Jesus promete o Espírito Santo, chamado de "força do Alto", para guiar o testemunho dos apóstolos até os confins do mundo. Aquilo que Maria fez em miniatura, levando Jesus a Isabel e Zacarias, os apóstolos farão em um horizonte amplo, o mundo inteiro. Quando, na anunciação, o anjo diz a Maria que conceberá um filho, é dito que isso será obra do Espírito, chamado de "poder (ou força) do Altíssimo". A mesma expressão referente ao Espírito Santo se encontra no início e no fim do Evangelho de Lucas e no começo de Atos dos Apóstolos.

Maria, portanto, merece esse relevo pelo fato de já ter feito a experiência do "poder do Altíssimo". O Espírito Santo gerou nela o Filho de Deus. Agora, esse mesmo Espírito irá, com o Pentecostes, gerar nos discípulos a missão, acompanhando-os no testemunho de Jesus "até os confins da terra". E os apóstolos, fortalecidos com o poder do Altíssimo, não cessarão de afirmar que seu testemunho é movido pela força do Altíssimo. Maria, portanto, é mostrada, ainda que de forma sutil, como o ponto de amálgama daqueles que aguardam a manifestação do Espírito em vista da missão. Ela nesse sentido é mestra dos apóstolos.

1.4. Evangelho de João e Apocalipse

O Evangelho de João é o último dos quatro na ordem cronológica. Foi se formando ao longo de décadas, a partir da vivência das comunidades ligadas ao apóstolo João, conhecidas como comunidades joaninas. A redação definitiva desse Evangelho foi feita por volta do ano 100 ou depois. Nessa época, surgiu também o Apocalipse (em torno do ano 95). A essas alturas, a mãe de Jesus já não é vista apenas como indivíduo, mas como representante de coletividade. Por isso se costuma dizer que é figura simbólica. Isso não diminui sua importância, pelo contrário, corrobora-a e amplia. Talvez seja por isso que o Evangelho de João já não a chama pelo nome (Maria), mas por aquilo que ela representa. Nesse Evangelho, ela é sempre chamada "a mãe de Jesus". E Jesus nunca a chama pelo nome (Maria) ou por aquilo que ela é (mãe), mas a chama "mulher". Ora, também em português, o termo *mulher* é sinônimo de *esposa*.

Todos esses elementos devem ser levados em consideração quando se estuda o tema proposto.

A mãe de Jesus aparece pouco no Evangelho de João. Nós a encontramos no casamento em Caná da Galileia e no episódio junto à cruz de Jesus.

No casamento em Caná (João 2,1-12), nota-se logo uma diferença entre Jesus e sua mãe. Da mãe se diz que "estava lá". De Jesus se afirma que "foi convidado". Como entender essa diferença? Não devemos esquecer um dado importante: a mãe de Jesus pertence ao Antigo Testamento; Jesus inaugura o Novo Testamento. Em outras palavras, a mãe de Jesus pertence à primeira aliança; Jesus inaugura a nova e definitiva aliança.

Chama a atenção a postura da mãe de Jesus. Ela diz: "Eles não têm mais vinho". Embora pertencendo à antiga aliança, ela se afasta ao constatar que "eles" não têm mais vinho. Essa bebida, tomada simbolicamente, representa o amor. Basta ler o Cântico dos Cânticos: nesse livrete, o vinho é mencionado seis vezes, e sempre como sinônimo de *amor*. O Eclesiástico vê o vinho como aquilo que dá sentido à vida, pois afirma: "O vinho é vida para o homem... Que vida se vive quando falta vinho?" (31,27). A mãe de Jesus, portanto, reconhece que, na antiga aliança, representada pelo casamento – tema abundante nos profetas –, falta o essencial, falta o amor. Decifrando o enigma: a mãe de Jesus representa um grupo de pessoas que constata ter chegado o fim da antiga aliança porque desapareceu aquilo que lhe dava sentido e sustentação, ou seja, o amor. Esse grupo de pessoas está aberto à novidade que Jesus irá trazer, o vinho excelente, o amor até as últimas consequências. "Eu vim para que tenham a vida e a tenham em abundância", afirma Jesus em João 10,10.

Jesus responde a esse grupo, dizendo não ter chegado sua hora. A hora de Jesus acontece na segunda parte do Evangelho (leia 13,1), ocasião em que demonstrou seu amor: "tendo amado os seus que estavam no mundo, amou-os até o fim".

Na primeira aliança, os hebreus prometeram fazer sua parte como parceiros da aliança, *obedecendo às ordens de Javé*. É isso que se lê no Êxodo, quando está para ser selada a aliança no Sinai. O povo declara: "Tudo o que Javé disse, nós o faremos" (Êxodo 19,8a). Nota-se logo como essa afirmação combina com as palavras da mãe de Jesus no casamento em Caná: "Fazei tudo o que ele vos disser". Para que a nova aliança – fundada no amor fiel – possa se concretizar e assim dar sentido à vida, é preciso obedecer às ordens de Jesus. É isso que a mãe dele reconhece e estimula a fazer.

Em João 19,25-27, temos a cena da mãe de Jesus junto à cruz, texto que rendeu muitos comentários, sendo quase impossível acrescentar algo novo ou, pelo menos, deixar abertas algumas pistas para que a reflexão avance. Tentarei propor algumas indicações.

No casamento em Caná, o verdadeiro noivo/esposo é Jesus, aquele que traz o vinho novo, abundante e insuperável. O tema de Jesus noivo/esposo é amplo no Evangelho de João, e não cabe, aqui, desenvolvê-lo. Simplesmente basta lembrar que João Batista o vê por esse ângulo ao afirmar que "quem tem a esposa é o esposo" (3,29). Pois bem, se Jesus é o esposo e a mãe de Jesus é símbolo da esposa, o episódio pode ser lido em chave matrimonial: o esposo está para morrer sem descendentes ou herdeiros. Quem irá assumir a esposa e dar descendência ao esposo Jesus? O Discípulo Amado. De acordo com a *lei do cunhado,* também conhecida como *lei do levirato* (leia Deuteronômio 25,5-10), o irmão mais novo deve assumir a esposa e suscitar descendência ao irmão mais velho, que morreu sem ter filhos. Nesse sentido, vamos identificar as personagens: Jesus é o esposo que morre sem deixar descendentes; a mãe de Jesus é a esposa; o Discípulo Amado é o irmão mais novo que precisa assumir a esposa e suscitar descendência ao irmão mais velho. Isso se encaixa perfeitamente, e entende-se por que Jesus a chama "mulher", termo que, naquela cultura e naquele tempo, só era usado pelo marido ao dirigir-se à esposa.

E foi o que aconteceu. Os não judeus, simbolizados no Discípulo Amado, acolheram em seu seio os judeus do Antigo Testamento, fiéis a Deus e agora fiéis a Jesus, e juntos suscitaram descendência a Jesus. Nós nos chamamos "cristãos", graças a essa mútua acolhida: a mãe de Jesus, representando os judeus que aderiram a Jesus, acolheram os não judeus, e estes acolheram aqueles. E nós nascemos. Mesmo não sendo judeus no sangue, nós temos nossas raízes no Judaísmo, que é nossa mãe, nosso útero comum. Todos nós nascemos lá, como diz a respeito de Jerusalém o Salmo 87: "Todo homem ali nasceu".

No Apocalipse, a mulher é sempre figura simbólica. Portanto, seu significado extrapola o indivíduo, apresentando várias faces ou vários pontos de vista. Em outras palavras, nesse livro, a mulher pode representar *isso,* mas também *aquilo*. Uma mulher é apresentada em sua característica insuperável, a maternidade, ou em sua degradante perversão da maternidade, a prostituição. A esposa do Cordeiro é pessoa e também cidade, ou seja, mostra uma dimensão pessoal, mas também a dimensão social...

Antes de examinarmos brevemente o texto, é oportuno associar o capítulo 12 ao final do capítulo 11, como bem entendeu a Liturgia ao escolher as leituras para a solenidade da Assunção de Maria. De fato, há ligação estreita entre os dois textos. O final do capítulo 11 diz: "O templo de Deus, que está no céu, abriu-se, e apareceu no templo a Arca da Aliança. Houve relâmpagos, vozes, trovões, terremotos e grande tempestade de granizo" (11,19).

Cadê a Arca da Aliança?

Eis o texto de 2 Macabeus 2,1-9: "Nos documentos se lê que o profeta Jeremias mandou que os deportados levassem o fogo, conforme foi explicado acima. Dando-lhes a Lei, Jeremias mandou que não esquecessem os mandamentos do Senhor, nem deixassem o próprio pensamento se desviar, ao verem as imagens de ouro ou de prata, ou seus enfeites. Dizendo muitas coisas desse tipo, recomendou que não afastassem do coração a Lei. Nesse documento se encontra ainda que o profeta, avisado por oráculo, mandou que a Tenda e a Arca o acompanhassem, quando ele foi à montanha, sobre a qual Moisés subiu para contemplar a herança de Deus.

Ao chegar, Jeremias encontrou uma espécie de gruta, onde colocou a Tenda, a arca e o altar do incenso. Em seguida, tapou a entrada. Mais tarde, alguns dos que tinham acompanhado Jeremias foram até aí para indicar o caminho, mas não conseguiram encontrar a gruta. Quando soube, Jeremias os repreendeu dizendo: 'O lugar ficará desconhecido, até que Deus se mostre misericordioso e reúna novamente toda a comunidade do povo. Então o Senhor mostrará esses objetos. A glória do Senhor e a nuvem também vão aparecer, como apareceram no tempo de Moisés e quando Salomão pediu que Deus santificasse gloriosamente o lugar'".

De acordo com 2 Macabeus 2,1-9, o profeta Jeremias escondeu a Arca da Aliança na gruta de uma montanha, destruindo os vestígios que pudessem conduzir a seu paradeiro. Ela tornaria a aparecer quando Deus se manifestasse misericordioso (2 Macabeus 2,7). Pois bem, o reaparecimento da Arca da Aliança marca o ressurgimento da misericórdia do Senhor. De sorte que Maria pode, com razão, ser chamada não só de "Arca da Aliança" (como vemos na Ladainha), mas também deve ser indicada como aquela que abre as portas da misericórdia divina.

Dito isso, podemos passar ao capítulo 12 do Apocalipse.

No centro do livro (capítulo 12) surge uma mulher. Trata-se de um grandioso sinal que aparece no céu. Está vestida com o sol, tem a lua por baixo dos pés e sobre a cabeça ostenta uma coroa de doze estrelas. Está prestes a dar à luz. Mas, diante dela, encontra-se um grande dragão vermelho, devorador de vidas, que tenta devorar o bebê da mulher. Ela dá à luz um menino, que é levado para junto de Deus, e é conduzida ao deserto, sendo alimentada por determinado tempo.

A Liturgia interpretou essa mulher em chave mariana e fez desse texto uma das leituras bíblicas para as festas de Maria. Mas, como foi dito antes, é figura de muitas faces. Provavelmente, o autor do Apocalipse pensava, primeiramente, nas comunidades cristãs daquele tempo e de todos os tempos, no árduo trabalho de parto: dar à luz Jesus. Porém, sendo uma espécie de coluna simbólica, essa mulher permite outras interpretações, entre elas a figura de Maria, que se encaixa muito bem nos detalhes.

Vamos, pois, interpretar esse sinal em chave mariana, omitindo muitos detalhes do texto. O sinal é dito *grandioso*. Isso se ajusta bem ao hino de Maria, quando exclama: "O Todo-poderoso fez *grandes coisas* em meu favor". O sinal aparece no *céu*. No Apocalipse e de modo geral em toda a Bíblia, o céu é a morada de Deus. Portanto, essa mulher é *um presente que vem de Deus*. Nesse livro, o vestuário é a carteira de identidade de uma pessoa. Pois bem, a mulher está vestida com o *sol*, elemento que se encontra no céu, moradia de Deus. O Autor quer transmitir a ideia de alguém totalmente *envolvido e revestido por Deus*. Por baixo dos pés está a *lua*, e por cima da cabeça *uma coroa de doze estrelas*. Lua e estrelas também são símbolos cósmicos e se encontram no céu. Sol e lua marcam, respectivamente, o dia e a noite. E quando dizemos "dia e noite" queremos abraçar todo o tempo. Essa mulher, portanto, está revestida de Deus por trás e pela frente (sol), por baixo e por cima (lua e estrelas), continuamente.

Para a mulher, é chegado o momento mais sublime, mas também de maior fragilidade: o parto. A situação é ainda mais grave porque, diante dela, está postado um grande dragão sanguinário, que pretende devorar a criança. O pensamento nos leva a Maria que dá à luz Jesus, sobre o qual pesa uma sentença de morte por parte do violento Herodes ou de outros devoradores de vida, como Pilatos. Mas Deus vem em socorro da mulher: resgata o menino (isso lembra a fuga para o Egito e também a ressurreição de Jesus) e conduz a salvo a mulher para o deserto, onde é alimentada durante longo tempo, até que o dragão seja definitivamente derrotado.

E os números?

No Apocalipse, todos os números que aparecem devem ser tomados simbolicamente. Isso significa que representam não uma totalidade, mas uma qualidade. Explico.

Quando aparece o número 7, não significa de fato 7 elementos ou coisas, mas a totalidade deles. Exemplo: os sete candelabros do capítulo 1 não são na realidade 7 objetos chamados candelabros, mas todos aqueles que os candelabros representam, no caso as igrejas em clima de celebração. Os números, tomados simbolicamente, podem ser divididos em perfeitos/de totalidade e imperfeitos/de parcialidade. No capítulo 12 se diz que a Mulher, conduzida ao deserto, é alimentada por Deus durante 1260 dias. O que isso representa? 1260 dias correspondem a 42 meses, que correspondem a três anos e meio, que são a metade de sete. Três anos e meio foi a duração da cruel perseguição de Antíoco IV Epífanes na época dos Macabeus. De 167 a 164 antes de Jesus nascer, ele dominou com braço violento os judeus. O autor do Apocalipse buscou aí inspiração para falar da Mulher do Capítulo 12 e de Deus. Ele, em síntese, queria dizer isto com esses procedimentos numéricos: **1.** A perseguição da Mulher não durará para sempre. Ela acabará (três e meio é número imperfeito, metade de 7, número perfeito/de totalidade). **2.** Não faltará cotidianamente a proteção divina enquanto durar a tribulação. Deus alimenta a Mulher no *deserto*, termo que evoca muitas coisas, sobretudo as narradas no Êxodo. **3.**

Cadenciando dia após dia, o Autor quis mostrar que a resistência não pode esmorecer sequer um dia. **4.** Para sustentar a resistência, a Mulher tem o alimento que Deus lhe dá dia após dia (associe isso à Eucaristia). E assim por diante. Agora você entende um pouco melhor por que não se diz simplesmente três anos e meio, mas o Autor estendeu ao máximo o tempo do confronto entre Deus (e a Mulher) e o Dragão.

Tribulação

No Novo Testamento aparece, com frequência, a palavra *tribulação*, sobretudo nas cartas de Paulo. Não se trata de qualquer sofrimento causado por qualquer indisposição. Por exemplo, dor de estômago não é tribulação no sentido que aparece no Novo Testamento. Tribulação são os sofrimentos causados por aqueles que rejeitam o projeto de Deus e provocam males aos que tentam implantá-lo neste mundo. Se alguém é torturado por causa do Evangelho, deixado preso e sem comer, então a dor de estômago pode ser considerada tribulação, pois no fundo é resultado do testemunho cristão em uma sociedade que rejeita e persegue os anunciadores do Evangelho.

* * *

Acabamos de percorrer aceleradamente as principais figuras bíblicas que, de alguma forma, fazem pensar em Nossa Senhora e o que dizem dela os livros do Novo Testamento. A seguir, as principais passagens bíblicas em questão.

2. Textos bíblicos que podem ser tomados para aprofundamento

Gênesis 3,14-15
Juízes 4-5
Livro de Judite
Livro de Ester
Isaías 7,14 associado a Mateus 1,23
Marcos 3,20-21
Mateus 1,1-17
Lucas 1,26-56; 2,1-35
João 2,1-12; 19,25-27
Atos dos Apóstolos 1,12-14
Apocalipse 11,19-12,17.

SEGUNDA PARTE

AS CELEBRAÇÕES DE NOSSA SENHORA

1. Solenidade, festa, memória, memória facultativa

As celebrações de Nossa Senhora, segundo o Missal Romano, são classificadas como solenidade, festa, memória e memória facultativa. Essa hierarquia é devida à importância do evento a ser celebrado e seu alcance no contexto geral. As solenidades ocupam o primeiro lugar em importância. Seu alcance é o mais elevado dentro das celebrações marianas, tanto em nível universal quanto nacional (no caso do Brasil, Nossa Senhora da Conceição Aparecida – 12 de outubro – é Padroeira do Brasil e, portanto, solenidade). Vêm a seguir as festas, como, por exemplo, a Visitação de Nossa Senhora (31 de maio). Na sequência temos a memória. Por exemplo, a Apresentação de Nossa Senhora (21 de novembro). Finalmente, memória facultativa (por exemplo, Nossa Senhora de Lourdes – 11 de fevereiro). Mas acontece algo interessante: às vezes, em uma diocese, aquilo que é celebrado como memória, em outros lugares, passa para a categoria de festa, caso aquela que é comemorada como memória seja padroeira da diocese.

2. Visão de conjunto

O objetivo dessa visão de conjunto é perceber que Nossa Senhora povoa o ano inteiro de nossa caminhada de fé. Incluímos celebrações que rigorosamente são do Senhor, mas que acontecem graças ao sim de Maria (estão em **negrito** e *itálico*). Incluímos também a memória dos pais de Nossa Senhora.

Santa Maria, Mãe de Deus (1º de janeiro) – solenidade
Apresentação do Senhor (2 de fevereiro) – festa
Nossa Senhora de Lourdes (11 de fevereiro) – memória facultativa
Anunciação do Senhor (25 de março) – solenidade
Nossa Senhora de Fátima (13 de maio) – memória facultativa
Visitação de Nossa Senhora (31 de maio) – festa
Bem-aventurada Virgem Maria, Mãe da Igreja (10 de junho) – memória
Imaculado Coração de Maria (sábado, após o 2º domingo depois de Pentecostes) – memória

Nossa Senhora do Carmo (16 de julho) – festa
São Joaquim e Sant'Ana, pais de Nossa Senhora (26 de julho) – memória
Dedicação da Basílica de Santa Maria Maior (5 de agosto) – memória facultativa
Assunção de Nossa Senhora (15 de agosto. No Brasil, domingo seguinte) – solenidade
Nossa Senhora, Rainha (22 de agosto) – memória
Natividade de Nossa Senhora (8 de setembro) – festa
Nossa Senhora das Dores (15 de setembro) – memória
Nossa Senhora do Rosário (7 de outubro) – memória
Nossa Senhora da Conceição Aparecida (12 de outubro) – solenidade
Apresentação de Nossa Senhora (21 de novembro) – memória
Imaculada Conceição de Nossa Senhora (8 de dezembro) – solenidade
Nossa Senhora de Guadalupe (12 de dezembro) – festa
Natal do Senhor (25 de dezembro) – solenidade
Sagrada Família de Jesus, Maria, José (domingo da oitava do Natal, ou 30 de dezembro) – festa

3. Observações

Constata-se que Nossa Senhora tem presença marcante na vida da Igreja. É celebrada desde sua concepção (8 de dezembro) até a Assunção e a memória de que é Rainha (22 de agosto).

Pode acontecer que em sua comunidade se celebre algo de Maria que não consta no elenco anterior. É verdade. Isso se deve ao fato de seguirmos apenas o Missal Romano (que está sendo revisado). Desse modo, é possível que o Missal defina determinada celebração mariana como memória facultativa, mas em sua diocese se transforme em festa. Exemplo: a memória facultativa do dia 5 de agosto (veja anteriormente) torna-se festa na Arquidiocese da Paraíba, pois Nossa Senhora das Neves é celebrada nesse dia como Padroeira arquidiocesana. Explica-se a união da Basílica em Roma e a memória (festa) de Nossa Senhora das Neves. Em Roma, uma das quatro grandes basílicas é chamada de "Santa Maria Maior". Segundo a tradição, sua origem se deve ao fato de, nesse dia, um dos mais quentes do verão romano, ter nevado justamente no lugar onde, mais tarde, surgiu a basílica. Por isso a associação da basílica com a memória de Nossa Senhora das Neves.

Observando atentamente o elenco das celebrações marianas, notam-se algumas ausências, como já se explicou. Mas há uma presença discreta de Maria: trata-se de sua memória no sábado. Todo sábado é dedicado a Maria, às portas do domingo, dia do Senhor. Quando no sábado não há nenhuma prescrição para outra celebração, pode-se fazer memória de Nossa Senhora no sábado.

4. A presença dos dogmas

Os dogmas marianos são quatro, e três deles são celebrados como solenidade: **1.** Maria, Mãe de Deus (1º de janeiro); **2.** Virgindade perpétua de Nossa Senhora; **3.** Imaculada Conceição (8 de dezembro); **4.** Assunção de Nossa Senhora (no Brasil, terceiro domingo de agosto).

A aceitação e celebração dos dogmas marianos revelam uma especificidade do catolicismo. Nós somos guiados no caminho da fé por dois faróis, que iluminam nosso retorno à casa do Pai: a Bíblia e o Magistério (ensinamento oficial da Igreja). Não se deve menosprezar esses dois luzeiros, que iluminam nossos passos. É verdade que a Bíblia pouco ou nada fala acerca dos dogmas marianos. Mas nós os acolhemos e celebramos intensamente graças ao outro farol, que nos orienta, o Magistério da Igreja. Os evangélicos não têm e não admitem o Magistério em igual importância com a Bíblia, e esse é um dos motivos de debate e desacordo.

Por isso, no início deste livro, fez-se a pergunta: "Existe cristianismo sem Maria?" E a resposta está nas celebrações do Senhor que exigem, envolvem e supõem a participação de Maria no mistério central de nossa fé.

5. O primeiro ano de vida de Nossa Senhora

Olhando a lista das celebrações marianas, descobre-se algo interessante: no primeiro ano de vida de Maria, celebram-se os mesmos acontecimentos da vida de Jesus. Assim: começamos com a solenidade de sua concepção (8 de dezembro). Aqui entra o primeiro dogma mariano: ela foi concebida sem pecado original. Nove meses mais tarde – estamos no dia 8 de setembro – celebramos a festa de seu nascimento: Natividade de Nossa Senhora. Como Jesus foi apresentado no Templo de Jerusalém, também de Maria celebra-se a Apresentação (21 de novembro).

Vamos ver de perto essas três celebrações.

5.1. Imaculada Conceição de Nossa Senhora (8 de dezembro) solenidade

Em 1854, papa Pio XII proclamou o dogma da Imaculada Conceição da Virgem Maria, tema que já se celebrava desde o século XI. Maria foi isenta da mancha do pecado original. O Prefácio da solenidade proclama: "A fim de preparar para vosso Filho mãe que fosse digna dele, preservastes a Virgem Maria da mancha do pecado original, enriquecendo-a com a plenitude de vossa graça".

Sendo solenidade, supera em importância os dias e domingos do Advento. Prescrevem-se o Glória, Creio e Prefácio próprio. As leituras evidentemente são próprias: Gênesis 3,9-20; Salmo 97(98); Efésios 1,3-12; Lucas 1,26-38.

É interessante sublinhar o fato de, há muito tempo, estar de algum modo sendo já celebrada essa verdade. Isso nos leva à confirmação de que o dogma não é algo imposto, mas resultado de longa caminhada. Além disso, há outro detalhe a ser recordado: não se sabe quando Maria nasceu e menos ainda quando foi concebida. Situar esse acontecimento dentro do Advento e perto do Natal do Senhor só reforça a importância extraordinária de Nossa Senhora na história da salvação.

Nesse dia, a Igreja reza assim: "Ó Deus, que preparastes digna habitação para vosso Filho, pela imaculada conceição da Virgem Maria, preservando-a de todo pecado em previsão dos méritos de Cristo, concedei-nos chegar até vós purificados também de toda culpa por sua materna intercessão. Por nosso Senhor Jesus Cristo, vosso Filho, na unidade do Espírito Santo".

5.2. Natividade de Nossa Senhora (8 de setembro) festa

Não sabemos o dia e ano do nascimento de Nossa Senhora. Em algum recanto deste país, ainda é possível encontrar pessoas que desconhecem o dia de seu nascimento. Associam-no a uma temporada (época das chuvas, no inverno etc.). Por isso, no caso de Nossa Senhora, procurou-se sintonizar as datas, estabelecendo o dia da Natividade nove meses após a solenidade da Imaculada Conceição. Não há um texto bíblico de apoio ou suporte para essa comemoração. Há um texto apócrifo – não considerado canônico – conhecido como Protoevangelho de Tiago. É ele quem fornece os nomes dos pais de Nossa Senhora, descrevendo também o sofrimento causado a esse casal de esposos sem filhos. Joaquim é menosprezado por não ter gerado filhos. Ana é humilhada por ser estéril e idosa, frustrando a esperança de toda mulher judia que, gerando filhos, contribuía para o aumento numérico do povo de Deus.

O nascimento de Maria é comparado à aurora, que anuncia a chegada do sol e do novo dia. Ela é a primeira luz que dá à luz aquele que se autodeclarou "Eu sou a luz do mundo".

Detalhe curioso: no passado, essa era a data em que muitas freiras renovavam a profissão religiosa ou emitiam votos perpétuos em determinada congregação religiosa. E quem professava pela primeira vez assumia também o nome de Nossa Senhora, de sorte que, em certos conventos, todas as irmãs se chamavam Maria, acrescentando-se depois outros nomes. Era uma forma de homenagear a festa da Natividade.

Para essa festa há missa própria com Glória e Prefácio de Nossa Senhora. As leituras são próprias: Miqueias 5,1-4; Salmo 12(13); Mateus 1,18-23.

As igrejas do Oriente celebravam há tempo essa festa quando, no século VII, papa Sérgio I introduziu a festa também no Ocidente.

Nesse dia, a Igreja reza assim: "Abri, ó Deus, para os vossos servos e servas os tesouros da vossa graça: e assim como a maternidade de Maria foi a aurora da salvação, a festa do seu nascimento aumente em nós a vossa paz. Por nosso Senhor Jesus Cristo, vosso Filho, na unidade do Espírito Santo".

5.3. Apresentação de Nossa Senhora (21 de novembro) memória

Com essa memória, celebrada pelas igrejas do Oriente, desde o século VI (e no Ocidente a partir do século XIV), comemora-se a primeira entrega de Maria ao Senhor. Essa celebração tinha tudo para não dar certo, pois além de não ter nenhuma base bíblica, contraria um preceito, apropriando-se de algo devido apenas a crianças do sexo masculino. Trata-se da apresentação do primogênito menino, que devia ser consagrado a Deus, porém resgatado mediante a oferta de um cordeiro que o substituiria.

A oferta dos primogênitos meninos, assim como das primeiras crias dos animais domésticos, estendia-se também para a maioria dos cereais, cobrindo toda a criação com um véu de gratidão a Deus. Ele é o Senhor de tudo e de tudo o que se produz. Por isso a oferta dos primogênitos e dos primeiros frutos do solo era a resposta agradecida do homem à fecundidade da terra e do ventre. Por muito tempo, em Israel, viveu-se nesse clima de atribuir a Deus o senhorio de tudo, devolvendo os primeiros frutos àquele ao qual tudo pertence (para mais informações, ver anteriormente o "Evangelho de Lucas").

Todavia, no caso de ser uma menina o fruto primogênito do ventre materno, nada acontecia. E assim chegamos ao livro apócrifo conhecido como *Protoevangelho de Tiago*, em que buscamos informações para esse tema. A questão do valor a ser atribuído a um texto apócrifo permanece questão aberta.

O *Protoevangelho de Tiago* fala do nascimento, da consagração da criança Maria a Deus e, abundantemente, fala também da infância de Jesus. O livro narra que Joaquim, apesar de rico, não tinha paz, pois não gerou filhos, e as pessoas lhe diziam que suas ofertas não eram aceitas por Deus. Sua esposa, idosa e estéril, carregava o estigma das antigas matriarcas (Sara, a mãe de Samuel, a mãe de João Batista...). Ela, então, fez uma promessa a Deus: se tivesse a graça de engravidar e dar à luz, agiria como a mãe de Samuel, consagrando o bebê a Deus.

E assim aconteceu. Em poucas palavras, a apresentação de Nossa Senhora no Templo e sua consagração a Deus suscita alguns pontos importantes: **1.** Deus rompe os esquemas rígidos que nós tentamos impor a ele; **2.** Para Deus, como disse o apóstolo Paulo, não há diferença entre homem e mulher; **3.** Os filhos são presente de Deus; e a melhor forma de acolher esse presente é consagrá-lo a Deus.

As leituras dessa missa são próprias: Zacarias 2,14-17; Salmo (Lucas 1,46-55); Mateus 12,46-50.

Nessa memória, a Igreja reza: "Ao celebrarmos, ó Deus, a gloriosa memória da Santa Virgem Maria, concedei-nos, por sua intercessão, participar da plenitude de vossa graça. Por nosso Senhor Jesus Cristo, vosso Filho, na unidade do Espírito Santo".

6. Dia a dia com Nossa Senhora

Depois de termos admirado o primeiro ano de vida de Maria, vamos acompanhá-la em sua fase adùlta. Neste parágrafo estão incluídas também outras participações de Nossa Senhora. Embora algumas ocorrências sejam ditas "do Senhor", ela participa de modo maiúsculo, pois declarou-se serva do Senhor; e o jeito de Maria ser serva é servindo aos outros. Portanto, este item começa com a solenidade da Anunciação do Senhor e termina com a memória de Nossa Senhora, Rainha. Percorremos, desse modo, os momentos mais importantes de sua vida, na qualidade de servidora.

6.1. ***Anunciação do Senhor*** *(25 de março) solenidade*

A Palavra de Deus se encarnou e veio habitar no meio de nós. A porta de entrada para nosso mundo é o corpo de uma jovem, que, sem o concurso de homem algum, engravida e dá à luz o Filho de Deus. Celebramos esse acontecimento solene no dia 25 de março, data estabelecida logicamente a partir do Natal do Senhor, no dia 25 de dezembro.

Essa solenidade é chamada "do Senhor". Porém é impossível dissociá-la de Maria, personagem importante no contexto da história da salvação. O fundamento dessa solenidade é bíblico. Lucas é nossa mais importante fonte de informação (veja anteriormente o "Evangelho de Lucas"). É chegada a plenitude dos tempos proclamada por Paulo em

Gálatas 4,1 e seguintes. Plenitude dos tempos não significa que o povo de Deus tenha alcançado a maturidade; pelo contrário. Plenitude dos tempos é o ponto alto da misericórdia divina, do amor sem limites de Deus pela humanidade. João evangelista explica: Deus amou de tal modo a humanidade a ponto de enviar seu Filho único para que todo o que nele acreditar tenha vida eterna (João 3,16). No hemisfério Norte, a solenidade da Anunciação coincide com o início da primavera, quando tudo ressurge para a vida. É também o período em que se celebra a festa da Páscoa – judaica e cristã.

A missa é própria, com Glória, Creio e Prefácio próprio. Também as leituras são próprias: Isaías 7,10-14; 8,10; Salmo 39(40); Hebreus 10,4-10; Lucas 1,26-38. Quando 25 de março coincide com um dia da Semana Santa, desloca-se a solenidade para a segunda-feira após o segundo domingo da Páscoa.

Nesse dia, a Igreja reza assim: "Ó Deus, quisestes que o vosso Verbo se fizesse homem no seio da Virgem Maria. Dai-nos participar da divindade do nosso Redentor, que proclamamos verdadeiro Deus e verdadeiro homem. Por nosso Senhor Jesus Cristo, vosso Filho, na unidade do Espírito Santo".

6.2. Visitação de Nossa Senhora (31 de maio) festa

A visita de Maria a Isabel é narrada pelo Evangelho de Lucas. Maria, que se declarou serva do Senhor, tem pressa em percorrer os cerca de 150 quilômetros entre Nazaré e Ain Karem, na serra da Judeia, local onde moravam os pais de João Batista. Maria se associa aos poucos personagens que, no Evangelho de Lucas, têm pressa: os pastores que vão apressadamente a Belém depois de terem recebido do Anjo o anúncio do nascimento do Salvador; e Zaqueu (19,1 e seguintes), descendo apressado da árvore após ter ouvido Jesus anunciar-lhe que seria seu hóspede. A pressa de Maria está, de alguma forma, ligada a essas duas passagens, que explicam seu agir apressado. A pressa de Maria é missionária.

O encontro das duas mães e dos dois bebês, que estão no ventre delas, pode ser lido desta maneira: é o Antigo Testamento (Isabel e João Batista) acolhendo, com emoção e estremecimento, o Novo e, com ele, o Salvador. É o primeiro encontro de Jesus nesta terra, e ele encontra um casal de idosos, antes rejeitado e estigmatizado, mas agora cheio de esperança na vida que está para nascer.

Como foi dito anteriormente, ao tratarmos de Maria no Evangelho de Lucas, duas exclamações de Isabel caracterizam e glorificam Nossa Senhora: **1.** Isabel se considera indigna de receber na própria casa a Mãe do Senhor. A passagem é ressonância do episódio em que Davi expressa o mesmo sentimento ao receber a Arca da Aliança. **2.** A suprema bem-aventurança de Maria é ter confiado plenamente nas palavras de Deus. Em grego – língua do Novo Testamento –, encontramos aí a palavra técnica que explica a bem-aventurança: *makária*. Maria é bem-aventurada porque acreditou. Se não cresse, também não teria concebido o Filho. (Para mais informações, ver anteriormente o "Evangelho de Lucas".) Observe isto: os episódios da anunciação e da visitação contêm a primeira parte da Ave-Maria.

Sendo festa, prescreve-se o Glória e, no Prefácio de Nossa Senhora, menciona-se a visitação. As leituras são próprias da festa: Sofonias 3,14-18 (ou Romanos 12,9-16); Salmo (Isaías 12,2-6); Lucas 1,39-56.

Nesse dia, a Igreja reza assim: "Ó Deus todo-poderoso, que inspirastes à Virgem Maria a visita a Isabel, levando no seio o vosso Filho, fazei-nos dóceis ao Espírito Santo, para cantar com ela o vosso louvor. Por nosso Senhor Jesus Cristo, vosso Filho, na unidade do Espírito Santo".

6.3. ***Natal do Senhor*** *(25 de dezembro) solenidade*

É impossível pensar ou celebrar o Natal do Senhor sem levar em conta a figura de Maria, pois ela é o ponto final de uma história de amor divino para com a humanidade. No início da Bíblia (Gênesis 1), mostra-se que Deus ficou contente com tudo o que fez, e, a partir daquele momento, começou a contagem regressiva em relação ao dia no qual o próprio Deus decidiu experimentar e viver a condição humana. O Natal é a irrupção de Deus em nossa história para fazer história conosco.

Não se sabe a data em que Jesus nasceu. Tudo indica que não foi em dezembro, e há um fato que justifica isso: os pastores de Belém com seus rebanhos dormiam nos campos, ao relento, fato que se tornava inviável no inverno. E, no hemisfério Norte, dezembro é inverno e faz muito frio. O surgimento dessa celebração pode ser explicado da seguinte maneira: no hemisfério Norte, os dias próximos ao Natal são os que têm poucas horas de sol. Os dias vinham perdendo tempo para as trevas. Mas, por volta da data que seria escolhida como o dia do nascimento de Jesus, o sol vai recuperando lentamente alguns segundos diários. Por isso se celebrava na Roma não cristã a festa do Sol invicto. Não demorou muito para que os cristãos do início se dessem conta de que o Sol invencível é o Senhor Jesus, capaz de vencer toda espécie de trevas.

A solenidade prescreve a Missa da Vigília, a Missa da noite, a Missa da aurora e a Missa do dia, todas com Glória, Creio e Prefácio próprio; e contempla também a Oitava, os oito dias seguintes, compondo assim oito dias em um dia único. Por esse detalhe nos damos conta da importância dessa solenidade. Somente Natal e Páscoa são seguidos por Oitava.

Na *Missa da noite* temos estas leituras: Isaías 9,1-6; Salmo 95(96); Tito 2,11-14; Lucas 2,1-14. Na *Missa da aurora*: Isaías 62,11-12; Salmo 96(97); Tito 3,4-7; Lucas 2,15-20. *Missa do dia*: Isaías 52,7-10; Salmo 97(98); Hebreus 1,1-6; *Missa do dia*: João 1,1-18.

Na Missa da noite a Igreja reza: "Ó Deus, que fizestes resplandecer esta noite santa com a claridade da verdadeira luz, concedei que, tendo vislumbrado na terra este mistério, possamos no céu usufruir sua plenitude. Por nosso Senhor Jesus Cristo, vosso Filho, na unidade do Espírito Santo".

Na Missa do dia a Igreja, reunida em festa, celebra assim: "Ó Deus, que admiravelmente criastes o ser humano e mais admiravelmente restabelecestes a sua dignidade, dai-nos participar da divindade do vosso Filho, que se dignou assumir a nossa humanidade. Por nosso Senhor Jesus Cristo, vosso Filho, na unidade do Espírito Santo".

6.4. ***Sagrada Família de Jesus, Maria, José*** *(domingo da oitava do Natal, ou 30 de dezembro) festa*

A festa da Sagrada Família é consequência lógica da solenidade do Natal. Por isso é celebrada na oitava do Natal ou no dia 30 de dezembro, caso não haja domingo na oitava. A festa da Sagrada Família acontece em meio a celebrações de grandes personagens do cristianismo: Santo Estêvão, o primeiro mártir, Santos Inocentes, São João evangelista...

Embora a expressão "Sagrada Família" não se encontre no Novo Testamento, há vários episódios envolvendo seus membros. Mateus (2,13-18) narra a fuga da Sagrada Família para o Egito, tradicional lugar de refúgio para perseguidos. Nesse Evangelho, Jesus é chamado "filho do carpinteiro", sinal de que aprendeu com o pai adotivo uma profissão. O Evangelho de Marcos vai além (capítulo

6): o próprio Jesus é chamado "o carpinteiro", e isso explica o fato de, por onde passar anunciando o Reino, Jesus ter sempre uma casa à disposição.

Onde Jesus estudou?

Em João 7,15, temos uma pergunta importante das lideranças judaicas a respeito de Jesus: "Como entende ele de letras sem ter estudado?" A pergunta evidencia duas coisas: **1.** Jesus não estudou em uma escola. Em Jerusalém, junto ao Templo, funcionava a escola dos doutores da Lei e dos fariseus, formadora de rabis (mestres). A pergunta garante que Jesus não passou por lá. **2.** No entanto, ele entende de letras: onde ou quem lhe teria ensinado? Veja em João 7,16 a resposta de Jesus.

Lucas também cita episódios nos quais os membros da Sagrada Família estão juntos e interagindo como, por exemplo, no texto exclusivo de Lucas 2,41-50; 2,51-52. No imaginário popular, esse texto está cheio de pietismo, e quem o lê não vislumbra outras explicações, contentando-se com a explicação "Perda e encontro de Jesus no Templo". De forma alguma Jesus se perdeu. Prova disso é que está debatendo com os mestres da Lei. É oportuno recordar que o episódio é construído sobre o relato da morte e ressurreição de Jesus, das quais esse episódio é prenúncio.

Jesus tem 12 anos. Na cultura judaica, é época em que o adolescente celebra o *bar mitzvá*, cerimônia religiosa que o capacita a proclamar a Palavra e explicá-la na assembleia. É rito de passagem, e Jesus, a partir desse momento, é responsável por suas decisões e seus atos. E a decisão que ele toma é clara: "Não sabíeis que devo estar na casa de meu Pai?" (2,49). Nada de perda, portanto. Jesus se encontrou, isso sim. Encontrou o norte de sua vida, e isso será levado até o fim, a sua morte e ressurreição. (Para complementar esse pensamento, leia o texto referente à Apresentação do Senhor.)

A festa prescreve Glória, Creio e Prefácio do Natal e tem leituras próprias, variando a cada ano o Evangelho: Eclesiástico 3,3-17; Salmo 127(128); Colossenses 3,12-21; Evangelho Ano A: Mateus 2,13-15.19-23; Ano B: Lucas 2,22-40; Ano C: Lucas 2,41-52.

Nessa festa, a Igreja reza assim: "Ó Deus de bondade, que nos destes a Sagrada Família como exemplo, concedei-nos imitar em nossos lares as suas virtudes, para que, unidos pelos laços do amor, possamos chegar um dia às alegrias da vossa casa. Por nosso Senhor Jesus Cristo, vosso Filho, na unidade do Espírito Santo".

6.5. ***Apresentação do Senhor*** *(2 de fevereiro) festa*

É mais uma das festas "do Senhor" que não pode faltar a figura de Nossa Senhora. A festa tem fundamentação bíblica importante. Já o Antigo Testamento ordenava que o primeiro fruto do ventre materno (primogênito) fosse consagrado ao Senhor. Isso valia também para os primogênitos dos animais e para o primeiro feixe dos cereais. O motivo já foi explicado anteriormente: Deus é o Senhor da vida, que concede fecundidade ao ventre da mãe e do solo, por isso o primeiro fruto daí nascido pertencia ao Senhor. Quanto ao primogênito humano, devia ser resgatado mediante a oferta de um cordeiro substituto.

Lucas é a fonte para essa festa, "das luzes", "candelária", surgida nas igrejas do Oriente e trazida para o Ocidente no século VI. Também a procissão com velas é antiga. Parece ter surgido na Gália (atual França). Lucas nos relata a Sagrada Família cumprindo o que ordena a Lei de Moisés. Na verdade, era preciso oferecer dois sacrifícios, um para a "purificação deles", isto é, da mãe e do menino, e outro para o resgate do primogênito. Este – o sacrifício de resgate do primogênito – não é citado por Lucas, e isso rende boa e profunda reflexão. Parece que Lucas pretende mostrar que, por não ser resgatado, Jesus pertence definitivamente ao Pai. Aqui se entende o sentido das palavras de Jesus no episódio que vimos no item anterior: "Não sabíeis que devo estar na casa do meu Pai?" (2,49). Aos 12 anos, Jesus tem plena consciência e revela total responsabilidade por suas opções de vida.

Nesse sentido, podemos olhar o episódio da morte de Jesus em Lucas (23,46), em que encontramos as últimas palavras de Jesus nesse Evangelho. É citação do Salmo 31. Jesus, como ato supremo de pertença ao Pai, entrega a Deus seu espírito. Não podia ser de outra forma.

As primeiras palavras de Jesus

Cada evangelista escolheu cuidadosamente o que pôr na boca de Jesus como primeira manifestação (primeiras palavras); mais ou menos como os pais registram em imagens, figuras etc. as primeiras palavras de seu bebê. Nos evangelhos isso é especialmente importante, pois as primeiras palavras são como um programa de vida, e todo o Evangelho pode ser lido com essa chave de leitura. Em Mateus, elas se encontram em 3,15; em Marcos 1,15; em Lucas 2,49, e em João 1,38. Pesquise você mesmo e terá surpresas. Boa sorte!

Sendo festa, para a Missa estão prescritos o Glória, Creio e Prefácio próprio. As leituras também são próprias da festa: Malaquias 3,1-4 ou Hebreus 2,14-18; Salmo 23(24); Lucas 2,22-40.

Nessa ocasião, a Igreja reza assim: "Deus eterno e todo-poderoso, ouvi as nossas súplicas. Assim como o vosso Filho único, revestido da nossa humanidade, foi hoje apresentado no Templo, fazei que nos apresentemos diante de vós com o coração purificado. Por nosso Senhor Jesus Cristo, vosso Filho, na unidade do Espírito Santo".

6.6. Assunção de Nossa Senhora (15 de agosto. No Brasil, domingo seguinte) solenidade

Celebramos um dogma mariano proclamado pelo papa Pio XII em 1950. Como para os demais dogmas marianos, houve longa caminhada para se chegar à proclamação dessa verdade que acolhemos com alegria. Comprovação disso são os 30 títulos e patrocínios (arqui)diocesanos celebrados no dia 15 de agosto. Nessas 30 (arqui)dioceses, Nossa Senhora, além de receber títulos diferentes de Assunção, é celebrada nesse dia com o título "Nossa Senhora da Boa viagem", "Nossa Senhora da Glória", "Nossa Senhora das Vitórias" etc.

Rigorosamente falando, não há um texto bíblico que sirva de fundamento para esse dogma. Contudo, como foi dito anteriormente, os católicos se orientam pela Bíblia e se amparam no Magistério da Igreja. Os textos bíblicos escolhidos para essa ocasião (veja a seguir) não são exclusividade dessa solenidade, mas podem referir-se a todo cristão. E isso não destoa do conjunto, pois há algo especial nessa solenidade. Maria é a primeira criatura humana a entrar na glória do céu. Quanto a Jesus, era lógico que retornasse para junto do Pai, de onde partiu. Maria, porém, é gente como a gente. Seu corpo glorificado é indicação do destino da matéria: formar uma só coisa com Deus. Jesus se proclamou o Caminho (João 14,6), e sua volta ao Pai tornou esse caminho aberto para quem quer que seja. Maria foi a primeira a entrar nesse caminho, convidando-nos para andar nessa direção.

O Prefácio próprio dessa solenidade nos ajuda a entender o sentido da celebração: "Hoje, a Virgem Maria, Mãe de Deus, foi elevada à glória do céu. Aurora e esplendor da Igreja triunfante, ela é esperança e consolo para vosso povo ainda em caminho..."

Sendo solenidade, possui Missa própria, com Glória, Creio e Prefácio próprio. As leituras também são próprias: Apocalipse 11,19-12,10; Salmo 44(45); 1 Coríntios 15,20-27; Lucas 1,39-46.

6.7. Nossa Senhora, Rainha (22 de agosto) memória

Poucos dias após a solenidade da Assunção de Maria, celebra-se a memória de Nossa Senhora, Rainha, encerrando sua trajetória nesta terra e entrando para sempre na esfera de Deus. Não devemos fazer dessa memória ocasião para um tipo de espiritualidade que separa Maria dos percalços da nossa caminhada, pois ela não viveu uma vida alienada e distante das questões que afligem a humanidade; pelo contrário, procurou viver as alegrias e esperanças do povo, sem jamais esquecer que sua resposta a Deus se achava na palavra "serva" e sem fazer da bem-aventurança *(mákaira)* um título de honra.

A monarquia feminina tem algumas representações que sobrevivem em vários países. Mas, examinando atentamente o que fazem tais rainhas, descobrimos que, em geral, se trata de figuras decorativas que desconhecem os percalços do ser humano comum; estão acima do comum viver, miserável, próprio daqueles que andam pelas ruas de nossa cidade. É preciso discernimento. Perguntamo-nos: por que Nossa Senhora é considerada Rainha e qual é sua coroa? Nossa Senhora é Rainha, porque viveu de modo ímpar os valores do Evangelho. Vamos fazer um exemplo: por que Nossa Senhora é invocada sob o título de Rainha dos Apóstolos? A resposta é esta: porque foi e continua sendo insuperável como apóstola. Vejamos como isso aconteceu: ela foi a primeira a levar o Salvador ao próximo. Isso é garantido pelas palavras de Isabel: "Como pode acontecer que a Mãe de meu Senhor me venha visitar?"

Para ser apóstolo é necessário amalgamar-se com Cristo. Pois bem: o que fez Maria? Permitiu que o Salvador se encarnasse em seu corpo, tornando-se a nova Arca da Aliança. Insuperável no anúncio e insuperável no viver, como dizia o apóstolo Paulo: "Já não sou eu que vivo, é Cristo que vive em mim" (Gálatas 2,20). Por isso ela é Rainha, essa é sua realeza. Sua coroa é feita de vivências e de anúncios de Jesus Cristo.

Você pode continuar nessa direção, tomando algumas invocações de Nossa Senhora Rainha, tiradas da Ladainha, e buscar explicações (na Bíblia, no Magistério) que justifiquem tal título régio dado a Nossa Senhora. Quem sabe um dia seu esforço será recompensado.

Sendo memória, não há Glória. Toma-se o Prefácio de Nossa Senhora. As leituras são próprias: Isaías 9,1-6; Salmo 112(113); Lucas 1,26-38.

Nesse dia, a Igreja reza assim: "Ó Deus, que fizestes da Mãe do vosso Filho nossa Mãe e Rainha, dai-nos, por sua intercessão, alcançar o reino do céu e a glória prometida aos vossos filhos e filhas. Por nosso Senhor Jesus Cristo, vosso Filho, na unidade do Espírito Santo".

7. Como o povo se recorda de Nossa Senhora

Seguindo os passos do seu Filho Jesus – Caminho para o Pai –, Maria entrou para sempre na glória de Deus de mão dada com a humanidade. Agora ela está com Deus e seu Filho. Mas, ao mesmo tempo, está voltada para a humanidade em suas necessidades, pois a Mãe nunca deixa de olhar para aqueles que lhe foram entregues como filhos. Por isso as aparições de Maria comprovadas pela Igreja têm as cores e os modos da maternidade de Nossa Senhora.

Por essa razão apresentamos, em seguida, as celebrações marianas registradas no Missal Romano, mesmo sabendo que está sendo revisado. Vários países têm em Maria sua padroeira principal. Com certeza não encontrarão aqui qualquer referência, exceto Nossa Senhora de Fátima e Nossa Senhora de Guadalupe, por constarem no Missal Romano.

7.1. Santa Maria, Mãe de Deus (1º de janeiro) solenidade

O ano civil se abre sob o olhar da Mãe de Deus e com profundo desejo de paz universal. Celebramos um dos dogmas marianos que atribui a Maria o título "Mãe de Deus" e não simplesmente "Mãe de Jesus". Esse dogma foi proclamado no Concílio de Éfeso (ano 431 da nossa Era) e, a partir dele, é que nos dirigimos a Maria, dizendo: "Santa Maria, Mãe de Deus...".

O ano começa chamando atenção para a delicada tarefa de construir a paz. A primeira leitura, de Números 6,22-27, traz a bênção sacerdotal. Na Bíblia, a bênção se traduz em fecundidade e vida: "O Senhor te abençoe e guarde. O Senhor faça resplandecer seu rosto sobre ti e te seja benigno. O Senhor mostre para ti seu rosto e te conceda a paz!" "Fazer o rosto resplandecer sobre alguém" e "mostrar para alguém a própria face" é sinal de benevolência para com alguém, no caso, a pessoa abençoada. A bênção cobre todos os setores da vida da pessoa abençoada. O Salmo 66(67) fala de bênção e de Deus "fazer brilhar sobre nós sua face", pois a vida está desenvolvendo suas potencialidades, inclusive a terra produzindo seus frutos.

Na Bíblia, há várias passagens afirmando que não continua vivendo a pessoa que vê a face de Deus (Êxodo 33,20: "Não poderás ver a minha face, porque o homem não pode ver-me e continuar vivendo"). Essa bênção rompe o tabu: em vez de ser sinal negativo, o resplendor da face de Deus é vida abundante para quem o contempla. A primeira carta de São João o confirma, mostrando que o ponto de chegada de nosso peregrinar é ver Deus face a face (1 João 3,2: "Amados, desde já somos filhos de Deus, mas o que nós seremos ainda não se manifestou. Sabemos que, por ocasião de sua manifestação, seremos semelhantes a ele, porque o veremos tal como ele é").

De acordo com Lucas, as primeiras visitas ao Menino correm por causa dos pastores. Jesus e seus pais não escolhem os visitantes: todos são bem-vindos, até os pastores, geralmente pessoas de pouca confiança, que não respeitam, com seus rebanhos, as propriedades alheias. Maria nos indica um caminho a ser seguido ao longo do ano: conservar os acontecimentos com cuidado, meditando sobre eles.

A segunda leitura é tomada de Gálatas 4,4-7 e o Evangelho é Lucas 2,16-21. Nesse dia, a Igreja reza assim: "Ó Deus, que pela virgindade fecunda de Maria destes à humanidade a salvação eterna, dai-nos contar sempre com a sua intercessão, pois ela nos trouxe o autor da vida. Por nosso Senhor Jesus Cristo, vosso Filho, na unidade do Espírito Santo".

7.2. Nossa Senhora de Lourdes (11 de fevereiro) memória facultativa

Um dos santuários marianos mais visitados e onde acontecem de fato as maravilhas de Deus, é Lourdes, na França. Nesse lugar, de 11 de fevereiro a 16 de julho de 1858, Nossa Senhora, que se autoidentificou como a Imaculada Conceição, apareceu a Bernardete Soubirous, na gruta de

Massabielle. Sua mensagem gira em torno das palavras oração, conversão, caridade. Incontáveis são os milagres de cura narrados a partir de peregrinações a esse lugar. A veracidade das aparições foi confirmada a 18 de janeiro de 1860.

Para os brasileiros é memória facultativa, ou seja, pode-se ou não celebrá-la. Toma-se um dos formulários para missas de Nossa Senhora. As leituras são próprias da memória: Gênesis 1,1-19; Salmo 103(104); Marcos 6,53-56. Lourdes, de lá para cá, tornou-se nome próprio; e são muitas as mulheres agraciadas com esse nome, fato que, dependendo da sensibilidade da pessoa, pode redundar em abundantes coisas boas.

Nesse dia, a Igreja reza assim: "Ó Deus de misericórdia, socorrei a nossa fraqueza para que, ao celebrarmos a memória da Virgem Imaculada, Mãe de Deus, possamos, por sua intercessão, ressurgir dos nossos pecados. Por nosso Senhor Jesus Cristo, vosso Filho, na unidade do Espírito Santo".

7.3. Nossa Senhora de Fátima (13 de maio) memória facultativa

Na cidade de Cova da Iria, de 13 de maio de 1917 até 13 de outubro do mesmo ano, Nossa Senhora apareceu a três pastorzinhos – Jacinta, Francisco e Lúcia. A festa comemorativa foi reconhecida e instituída no dia 13 de maio de 1946.

Contam-se maravilhas de Fátima. Entre elas, o carinho de Nossa Senhora para com três crianças pobres, tornadas suas mensageiras e divulgadoras. Duas delas foram levadas muito cedo, e Lúcia tornou-se reclusa em um convento, vivendo em um teor de vida que a conduziria à declaração de santidade.

Em Fátima, Maria fez sua própria opção pelos pobres, pois escolheu como propagadores de suas mensagens as crianças não merecedoras de confiabilidade.

Sendo memória facultativa, a Missa pode ter leituras próprias: Isaías 61,9-11; Salmo 44(45); Lucas 11,27-28.

Nesse dia, a Igreja reza assim: "Deus, Pai de misericórdia, vosso Filho, pregado na cruz, deu-nos por mãe a sua Mãe. Pela intercessão amorosa da Virgem Maria, fazei que a vossa Igreja se torne cada vez mais fecunda e se alegre pela santidade de seus filhos e filhas, atraindo para o seu convívio as famílias de todos os povos. Por nosso Senhor Jesus Cristo, vosso Filho, na unidade do Espírito Santo".

7.4. Bem-aventurada Virgem Maria, Mãe da Igreja (10 de junho) memória

Nas cartas do apóstolo Paulo, com certa frequência, compara-se a Igreja usando a metáfora do corpo. A Igreja é um corpo, com muitos e diversificados membros. Mas a cabeça da Igreja não pode ser senão Jesus Cristo. A Igreja, portanto, é o corpo de Cristo, e ele é sua cabeça. Essa imagem, transferida para Maria, leva-nos à seguinte constatação: Cristo cabeça veio a este mundo por meio de Maria. E onde há cabeça há também corpo. Por isso se pode afirmar que Nossa Senhora é Mãe da Igreja.

Paulo VI foi quem incentivou essa devoção e a tornou pública para que os fiéis a celebrassem. O Vaticano II, na Constituição Dogmática sobre a Igreja (*Lumen Gentium*) declara que Maria pode servir como modelo eminente e único de virgem e mãe, porque, acreditando e obedecendo, gerou na terra, sem ter conhecido varão, por obra e graça do Espírito Santo, o Filho do eterno Pai [...] E deu à luz um Filho, que Deus estabeleceu primogênito de muitos irmãos (Romanos 8,29), isto é, dos fiéis, para cuja geração e educação ela coopera com amor de mãe (n. 63).

No Prefácio próprio dessa Missa votiva, afirma-se, dirigindo-se a Deus: "Acolhendo vossa Palavra no coração sem mancha, mereceu concebê-lo no seio virginal e, ao dar à luz o Fundador, acalentou a Igreja que nascia. Recebendo aos pés da cruz o testamento da caridade divina, assumiu todos os seres como filhos e filhas, renascidos para a vida eterna pela morte de Cristo".

Celebra-se a memória, tomando a Missa votiva de Nossa Senhora, Mãe da Igreja. As leituras são próprias: Gênesis 3,9-20 ou Atos dos Apóstolos 1,12-14; Salmo 86(87); João 19,25-34.

Nesse dia, a Igreja reza: "Deus, Pai de misericórdia, vosso Filho, pregado na cruz, deu-nos por mãe sua Mãe. Pela intercessão amorosa da Virgem Maria, fazei que vossa Igreja se torne cada vez mais fecunda e se alegre pela santidade de seus filhos e filhas, atraindo para seu convívio as famílias de todos os povos. Por nosso Senhor Jesus Cristo, vosso Filho, na unidade do Espírito Santo".

7.5. Imaculado Coração de Maria (sábado após o 2º domingo depois de Pentecostes) memória

A memória do Imaculado Coração de Maria é desdobramento da solenidade do Sagrado Coração de Jesus, celebrada no dia anterior. A memória foi instituída por papa Pio XII. Temos dois caminhos para encontrar seu sentido, e provavelmente os dois coexistem e se completam. O primeiro parte do pressuposto sentido semita dado à palavra "coração". Na Bíblia, quase sempre o coração representa a consciência, é a sede das opções que alguém faz. Na Bíblia se pensa com o coração, tomam-se decisões a partir do coração. Ter o coração imaculado é, pois, não planejar ou arquitetar mal nenhum. Em segundo lugar, em nossa cultura, o coração representa os afetos. Nós amamos com o coração. Portanto, a memória de hoje tem essas duas vertentes, consciência e amor. Coexistem? Parece que sim. Complementam-se? Parece que sim.

As leituras dessa memória são próprias: Isaías 61,9-11; Salmo (1 Samuel 2,1-7); Lucas 2,41-51.

Hoje, a Igreja reza assim: "Ó Deus, que preparastes morada digna do Espírito Santo no Imaculado Coração de Maria, concedei que, por sua intercessão, nos tornemos um templo da vossa glória. Por nosso Senhor Jesus Cristo, vosso Filho, na unidade do Espírito Santo".

7.6. Nossa Senhora do Carmo (16 de julho) festa

O nome "Carmo" se refere ao monte Carmelo, tornado famoso no tempo do profeta Elias, como palco de uma queda de braço entre Javé, Deus de Israel, e Baal, divindade pagã introduzida sob a proteção da rainha Jezabel, no antigo Reino do Norte, no tempo desse profeta. A religião do Deus Javé saiu vencedora. Portanto, essa festa está associada à espiritualidade do profeta Elias. No século XII, um grupo de eremitas se reuniu para vivenciar o louvor de Deus sob a inspiração da Virgem Maria. Surgiu assim a Ordem dos Carmelitas, marcando presença em terras brasileiras de várias formas: emprestando seu nome a cidades e vilas, recebendo esse nome (Maria do Carmo, Carmelo etc.), difundindo a devoção do escapulário (pequeno hábito), que, em certos lugares, beira o talismã.

Sendo festa, prescreve-se o Glória e Prefácio próprio. As leituras também são próprias: Zacarias 2,14-17; Salmo (Lucas 1,46-55); Mateus 12,46-50.

Nesse dia, a Igreja reza assim: "Venha, ó Deus, em nosso auxílio, a gloriosa intercessão de Nossa Senhora do Carmo para que possamos, sob sua proteção, subir ao monte que é Cristo. Que convosco vive e reina na unidade do Espírito Santo".

*7.7. **São Joaquim e Sant'Ana, pais de Nossa Senhora** (26 de julho) memória*

Veja a festa da Natividade de Nossa Senhora (8 de setembro). Aí são reproduzidos textos relativos aos primeiros instantes da vida de Nossa Senhora.

É o Protoevangelho de Tiago. De acordo com esse texto, Maria é fruto de longa espera por parte de seus pais, Joaquim e Ana, que viviam em meio ao desprezo do povo, pois se considerava punida por Deus com a esterilidade a mulher que se afastasse dos caminhos do Senhor. Nesse sentido, Ana está à mesma altura das grandes matriarcas que enfrentaram e superaram a terrível ameaça da esterilidade: Sara, esposa de Abraão; Rebeca, mulher de Isaac; Ana, mãe de Samuel etc.

O nascimento de Maria rompe a corrente negativa, e seus pais se alegram no Senhor, que ouviu as súplicas do casal. Joaquim e Ana fazem o maior gesto de gratidão e reconhecimento que possa existir: contra todas as normas, oferecem a Deus a filha, de sorte que Maria permanece no Templo de Jerusalém até de lá sair para casar com José. Joaquim e Ana costumam lembrar os avós, que normalmente enchem de alegria o coração de seus netos.

Tudo isso é celebrado como memória. O Prefácio é próprio, assim como as leituras: Eclesiástico 44,1.10-15; Salmo 131(132); Mateus 13,16-17.

Nesse dia, a Igreja reza assim: "Senhor, Deus de nossos pais, que concedestes a São Joaquim e Sant'Ana a graça de darem vida à Mãe do vosso Filho Jesus, fazei que, pela intercessão de ambos, alcancemos a salvação prometida ao vosso povo. Por nosso Senhor Jesus Cristo, vosso Filho, na unidade do Espírito Santo".

7.8. Nossa Senhora das Dores (15 de setembro) memória

A memória celebra as dores de Maria (sete ao todo), desde a profecia de Simeão no Templo até o sepultamento de Jesus. Os ícones que a representam são diversos: imagem das sete espadas cravadas em seu coração; imagem de Maria com o Filho morto ao colo, tornada famosa na Pietà de Miguel Ângelo. A data da memória (15 de setembro) é esclarecedora, pois é celebrada um dia após a festa da Exaltação da Santa Cruz.

Nossa Senhora das Dores recebe vários outros nomes, todos associados ao sofrimento que Maria suportou, tendo seu ponto alto os pés da cruz do Filho, gesto que a torna duplamente participante: participa das dores de Jesus crucificado e participa também do sofrimento de tantas mulheres que, trazendo ou não esse nome (Maria das Dores, Dolores etc.), fazem cotidianamente a experiência do sofrimento.

As leituras da memória são próprias: Hebreus 5,7-9; Salmo 30(31); João 19,25-27 ou Lucas 2,33-35.

Nesse dia, a Igreja reza assim: "Ó Deus, quando o vosso Filho foi exaltado, quisestes que sua Mãe estivesse de pé, junto à cruz, sofrendo com ele. Dai à vossa Igreja, unida a Maria na paixão de Cristo, participar da ressurreição do Senhor, que convosco vive e reina na unidade do Espírito Santo".

7.9. Nossa Senhora do Rosário (7 de outubro) memória

A memória de Nossa Senhora do Rosário tem sido tão forte na caminhada do povo a ponto de tematizar o mês de outubro, chamado "Mês do Rosário". Hoje, o tema envolvendo esse mês são as missões. Mas não deixa de continuar sendo importante por incentivar a piedade popular mediante a oração mariana mais comum, o Terço ou Rosário. Além disso, tem brindado pessoas com nomes que são homenagem a ele: Rosária/o, Rosália etc.

Não devemos deixar passar em branco também um dos exageros aí cometidos. Em 1571, quando estavam em guerra a Liga Santa (coalizão de vários estados europeus) e o império otomano (turco) em expansão, os turcos foram detidos e derrotados por uma esquadra da Liga na batalha naval de Lepanto. Na ocasião, papa Pio V (santo) atribuiu a vitória à oração do Rosário por parte dos cristãos. Duas coisas precisam ser ditas: **1.** Não se deve menosprezar o poder da oração em geral e, neste caso, da oração mariana por excelência. **2.** A oração nunca constrange ninguém – nem Nossa Senhora – a fazer aquilo que não é de sua vontade e da vontade de Deus. Maria é vista sob nova luz quando a contemplamos como Mãe de todas as criaturas humanas deste mundo. Se assim é, iria ela eliminar aqueles que não a reconhecem?

A Missa da memória é própria com leituras próprias: Atos dos Apóstolos 1,12-14; Salmo (Lucas 1,46-55); Lucas 1,26-38.

Nesse dia, a Igreja reza assim: "Derramai, ó Deus, a vossa graça em nossos corações, para que, conhecendo, pela mensagem do Anjo, a encarnação do Cristo, vosso Filho, cheguemos, por sua paixão e cruz à glória da ressurreição pela intercessão da Virgem Maria. Por nosso Senhor Jesus Cristo, vosso Filho, na unidade do Espírito Santo".

7.10. Nossa Senhora da Conceição Aparecida (12 de outubro) solenidade

Outubro de 1717: Aqui começa a história daquela pequena imagem que se tornou a Padroeira do Brasil, distribuindo graças e bênçãos ao povo que a elegeu como Mãe. Três pescadores, tentando apanhar comida para a nobreza, tiveram o privilégio de "pescar", em lances sucessivos, a imagem que aprouve aparecer-lhes. Acolhida pelos pobres, ela, cheia de graça, agraciou milhares de fiéis.

À medida que ia crescendo o reconhecimento daquela pequena imagem negra, cresciam e crescem, na alma do povo brasileiro, o amor, o carinho e a procura pela Mãe e sua casa; de sorte que quem a visita, espontaneamente, entra na atmosfera da casa da Mãe: paz, serenidade, emoção até as lágrimas. Ela e seus fiéis são a concretização daquilo que se proclama no Magnificat acerca das maravilhas realizadas: "Derrubou os poderosos de seus tronos e os humildes elevou". Esse lugar é também o ponto em que se realiza aquilo que ela anunciou em seu hino: "Doravante todas as gerações me chamarão bem-aventurada".

A solenidade é a forma mais elevada de celebração. Tem missa própria, Glória, Creio, Prefácio próprio, que destaca, além do fato de ser Imaculada Conceição: "Escolhida, entre todas as mulheres, modelo de santidade e advogada nossa, ela intervém constantemente em favor do vosso povo".

As leituras são próprias: Ester 5,1b2; 7,2b-3; Salmo 44(45); Apocalipse 12,1-16; João 2,1-11.

Nessa solenidade, a Igreja no Brasil reza: "Ó Deus todo-poderoso, ao rendermos culto à Imaculada Conceição de Maria, Mãe de Deus e Senhora nossa, concedei que o povo brasileiro, fiel à sua vocação e vivendo na paz e na justiça, possa chegar um dia à pátria definitiva. Por nosso Senhor Jesus Cristo, na unidade do Espírito Santo".

7.11. Nossa Senhora de Guadalupe (12 de dezembro) festa

É a última festa mariana do ano, que começa com a solenidade da Santa Mãe de Deus e se encerra celebrando a Padroeira principal da América Latina. Guadalupe é hoje periferia da metrópole, capital do México. Em 1531, Nossa Senhora apareceu em sua imagem impressa na manta de um indígena chamado Juan Diego (canonizado São Juan Diego). Os muitos detalhes dessa figura impressa são prova de que não agiu mão humana, mas sim são pormenores misteriosos que só podem ter origem celeste.

O culto foi crescendo aos poucos em meio a inúmeras dificuldades. Hoje, Guadalupe é um dos maiores centros de culto mariano do mundo, cujos detalhes misteriosos continuam desafiando as ciências.

Em 1904, papa Pio X elevou a atual igreja à categoria de basílica. Em 1910, proclamou-a Padroeira da América Latina.

Como as demais festas, essa prescreve Missa própria, com Glória e Prefácio de Nossa Senhora. As leituras também são próprias: Gálatas 4,4-7; Salmo 95(96); Lucas 1,39-47.

Nesse dia, a Igreja da América Latina assim reza: "Ó Deus, que nos destes a Santa Virgem Maria para amparar-nos como mãe solícita, concedei aos povos da América Latina, que hoje se alegram com sua proteção, crescer constantemente na fé e alcançar o desejado progresso no caminho da justiça e da paz. Por nosso Senhor Jesus Cristo, vosso Filho, na unidade do Espírito Santo".

Apêndice

PISTAS PARA VIVER A ESPIRITUALIDADE MARIANA AO LONGO DO ANO

Neste espaço, proponho algumas pistas para viver a espiritualidade mariana ao longo de todo o ano. Pode ser que, examinando o que vem a seguir, você tenha outras ideias, mais interessantes e possíveis de se realizar. Meu conselho é que você siga suas intuições.

As ocorrências referentes a Nossa Senhora são muitas, ultrapassando uma por mês. Vejamos:

- 1º de janeiro: solenidade de *Santa Maria, Mãe de Deus*
- 2 de fevereiro: festa da *Apresentação do Senhor*
- 11 de fevereiro: memória facultativa de *Nossa Senhora de Lourdes*
- 25 de março: solenidade da *Anunciação do Senhor*

- 13 de maio: memória facultativa de *Nossa Senhora de Fátima*
- 31 de maio: festa da *Visitação de Nossa Senhora*
- 10 de junho: memória da *Bem-aventurada Virgem Maria, Mãe da Igreja*
- (Sábado após o 2º domingo depois de Pentecostes) memória do *Imaculado Coração de Maria*
- 16 de julho: festa de *Nossa Senhora do Carmo*
- 26 de julho: memória de *São Joaquim e Sant'Ana, pais de Nossa Senhora*
- 5 de agosto: memória facultativa da *Dedicação da Basílica de Santa Maria Maior*
- 15 de agosto (no Brasil, domingo seguinte): solenidade da *Assunção de Nossa Senhora*
- 22 de agosto: memória de *Nossa Senhora, Rainha*
- 8 de setembro: festa da *Natividade de Nossa Senhora*
- 15 de setembro: memória de *Nossa Senhora das Dores*
- 7 de outubro: memória de *Nossa Senhora do Rosário*
- 12 de outubro: solenidade de *Nossa Senhora da Conceição Aparecida*
- 21 de novembro: memória da *Apresentação de Nossa Senhora*
- 8 de dezembro: solenidade da *Imaculada Conceição de Nossa Senhora*

- 12 de dezembro: festa de *Nossa Senhora de Guadalupe*
- 25 de dezembro: solenidade do *Natal do Senhor*
- Domingo da oitava do Natal ou 30 de dezembro: festa da *Sagrada Família de Jesus, Maria, José*

Você pode tentar

Quer memorizar todas essas celebrações marianas? Se tem memória boa, tente. Escreva em uma folha de papel as datas das celebrações, sem nada consultar. Depois disso, vá conferir. Se errou ou não preencheu alguma data, anote em vermelho e repita o exercício com ela. É prazeroso saber de cor todas essas ocorrências.

Somente abril não traz uma comemoração mariana. Para realizar aquilo que estamos propondo, você pode tomar uma ocorrência de outro mês.

Assim você chegou à seguinte constatação: posso viver a espiritualidade mariana o ano inteiro seguindo, mês após mês, uma de suas celebrações. Você decide o tempo que irá dedicar a cada celebração.

Você pode realizar esse momento sozinho ou com outras pessoas. Tendo definida qual celebração foi escolhida para cada mês, estabeleça a modalidade: um dia por mês; ou três dias (tríduo) perto da data escolhida; novena ou todos os dias do mês.

Dinâmica da celebração: cantos, momentos de silêncio e oração pessoal: você escolhe.

Passos a serem dados: sugiro que tome aquilo que apareceu anteriormente (a partir de *7.1.*), leia o texto que lá se encontra (ou o Salmo indicado, ou a leitura, ou o Evangelho) e reflita sobre ele. Se houver mais pessoas participando, partilhar a reflexão, ouvindo atentamente o que cada um tem a dizer.

Reza-se a Ave-Maria ou uma dezena do terço (sobretudo se o tema for um dos mistérios) e conclui-se com a oração do dia, que, tirada do Missal, normalmente começa assim: "Neste dia, a Igreja...".

Vamos fazer um exemplo. Suponhamos que eu e minha família escolhemos janeiro e sua festa – a solenidade de Santa Maria, Mãe de Deus – e arrumamos a sala, com imagem de Nossa Senhora, Bíblia aberta, vela, terço, flores. Fizemos isso por três dias – é um tríduo, e o dia da semana é a terça-feira. Chegada a hora, cantamos, e um de nós dirigiu a celebração, com o sinal da cruz. Anunciada a solenidade, acendeu-se a vela e fomos conhecer um pouco da história da solenidade (ver anteriomente, a partir de *5.1.*). No segundo dia, lemos o trecho de Números e no terceiro dia lemos e partilhamos o Evangelho. Nos três dias nos abençoamos com a bênção sacerdotal e concluímos com a oração final.

Índice

Novo Testamento

Segunda parte
AS CELEBRAÇÕES DE NOSSA SENHORA

Este livro foi composto com as famílias tipográficas Frutiger, Segoe
e impresso em papel Offset 75g/m² pela **Gráfica Santuário.**